V&R

Dienst am Wort

Die Reihe für Gottesdienst und Gemeindearbeit

78
Lebendiger Glaube

Verlag Vandenhoeck & Ruprecht
in Göttingen

Lebendiger Glaube

Liedpredigten
zu neuen und alten Liedern

Herausgegeben von
Friedrich Wintzer / Henning Schröer

Verlag Vandenhoeck & Ruprecht
in Göttingen

Die Deutsche Bibliothek – CIP-Einheitsaufnahme

Lebendiger Glaube:
Liedpredigten zu neuen und alten Liedern /
hrsg. von Friedrich Wintzer/Henning Schröer. – Göttingen:
Vandenhoeck und Ruprecht, 1997
   (Dienst am Wort; 78)
   ISBN 3-525-59342-2

Satz: Grohs, Landolfshausen.
Druck und Bindearbeit: Hubert & Co., Göttingen.

Inhalt

Vorwort

In diesem Band „Lebendiger Glaube" werden Liedpredigten veröffentlicht, die 1996 in der Bonner Schloßkirche gehalten worden sind. Die Reihenfolge in dem vorliegenden Band ist freilich, ausgehend vom 1. Advent, verändert worden. In der Schloßkirche der Universität finden die regelmäßigen Gottesdienste der Bonner Evangelisch-Theologischen Fakultät, unter Beteiligung der Evangelischen Studierendengemeinde, statt. Sie werden ebenfalls von Mitgliedern der Bonner Kirchengemeinden besucht, zumal die Schloßkirche ein besonderer Ort der Kirchenmusik in Bonn ist.

Der Kirchenleitung der Evangelischen Kirche im Rheinland danken wir für die Gewährung eines Druckkostenzuschusses.

Bonn, am 1. Juni 1997   Friedrich Wintzer/
                                         Henning Schröer

Die Liedpredigt

Eine Einführung

Das Singen gehört zum christlichen Gottesdienst. Martin Luther hat darum viele Gemeindelieder geschaffen, weil er in ihnen eine Form der aktiven Beteiligung der Gemeinde am Gottesdienst gesehen hat. Der lebendige Glaube der Christen findet in ihnen – gesungen – seinen Ausdruck. Darum hat auch jede kirchengeschichtliche Epoche ihre eigenen Lieder geschaffen und geformt. Die Feste des Kirchenjahres werden durch die Lieder geprägt wie auch die besonderen Lebenssituationen von Menschen, von der Feier der Taufe am Anfang des Lebens oder zu einem anderen Zeitpunkt bis hin zur seelsorgerlichen Begleitung am Ende des Lebens. Im Akt des Singens, im Gottesdienst wie im Alltag, verbinden sich der lebendige, gesungene Glaube, die theologische Lehre und emotionale Ausdrucksformen von christlicher Religion und Frömmigkeit.

Die Liedpredigt hatte ihre große Blütezeit Ende des 16. Jahrhunderts und besonders im 17. Jahrhundert. Ungefähr Mitte des 18. Jahrhunderts fiel sie der Lehrkritik der Aufklärung zum Opfer, die zunächst eigene gottesdienstliche Formen und auch Lieder schaffen wollte. Martin Rößler hat in seiner Tübinger Dissertation „Die Liedpredigt. Geschichte einer Predigtgattung" (Göttingen 1976) Beispiele dieser Sonderform der Predigt gesammelt und analysiert.[1] Er zeigt auf, daß schon Luther in Predigtabschnitten Lieder ausgelegt hat, z.B. das Lied „Christ ist erstanden" (EG 57). Johann Spangenbergs „Zwölf Christliche Lobgesänge und Leisen" (1545) gaben den Anstoß zur Gestaltung von Liedpredigten zu verschiedenen Festen des Kirchenjahres. Das Werk seines Sohnes Cyriakus Spangenberg „Cithara Lutheri" (1569/70) ist ein erster Meilenstein in der Geschichte der Liedpredigt. Das Werk enthält fast neunzig Predigten über insgesamt neununddreißig Lieder, zu denen besonders die Lieder von Martin Luther zählen. Die Katechismus-Liedpredigten bildeten in der Folgezeit einen zweiten Schwerpunkt neben der Festtagsliedpredigt. Hinzu kamen dann auch Liedpredigten bei Beerdigungen. Die Liedpredigten hatten also nicht nur eine doxologische sowie eine in der Glaubenslehre vergewissernde Funktion, sondern sie hatten auch eine tröstende Aufgabe.

Martin Rößlers Dissertation hat dazu angeregt, die Liedpredigt wieder zu entdecken und erneut zu praktizieren. Sie hat in der Gegenwart zu Predigten über neue und alte Lieder, wie in früherer Zeit, geführt. Denn Liedpredigten können Gemeinden dazu helfen, die Lieder sich intensiver anzueignen und bewußter zu singen. Sind es doch oft Lieder, in denen der lebendige Glaube seinen Ausdruck findet. Die christlichen Lieder sind Texte, die nicht nur im öffentlichen Gottesdienst gesungen werden, sondern sie können auch in persönlichen Lebenssituationen meditiert werden. So gab Horst Nitschke im Jahre 1981 die Sammlung „Aus dem Gesangbuch gepredigt" heraus. Christian Zippert, jetzt Bischof der Evangelischen Kirche von Kurhessen-Waldeck, veröffentlichte 1984 von ihm gehaltene Liedpredigten, zu denen auch Predigten über nicht in das Gesangbuch aufgenommene Lieder zählen, wie das Lied von Kurt Müller-Osten „Nun muß die Welt wohl dunkeln". Sie wurden durch Themapredigten über Musik und über das Singen ergänzt. Schließlich hat Martin Rößler einige Liedpredigten veröffentlicht.[2] Eine Einführung in Theorie und Praxis der Liedpredigten bietet auch der in der Anmerkung 1 bereits genannte Band „Mit Liedern predigen".

Liedpredigten wollen, ausgehend von einem Lied, wieder zu neuem Singen führen. Lieder sind gesungener Glaube. Jürgen Henkys hat diese Hinführung zum Singen als Kennzeichen von gelungenen Liedpredigten treffend beschrieben. „Womit wir generationenlang singend umgehen, verdient auch, von Strophe zu Strophe durchleuchtet, befragt und ins Gespräch gezogen zu werden. Das Ziel ist aber auch hier nicht, ein Lied durch erörternde Rede zu überbieten und damit letztlich entbehrlich zu machen. Es soll vielmehr als Lied neue Zustimmung finden. Mit Freude gesungen, greift es allem Erklärten voraus."[3]

In den Liedpredigten des vorliegenden Bandes werden in der Regel auch die Dichter vorgestellt, weil diese Hinweise das kognitive und affektive Verständnis des Liedes auf dem Hintergrund der Entstehungsanlässe und Entstehungsbedingungen fördern. Liedpredigten können auch zum Dialog mit dem Liederdichter bzw. der Liederdichterin werden oder hinführen. Sodann sollten die Lieder mit den Teilen der Predigt in der Regel eng verbunden werden. Die Predigt kann also durch Liedverse unterbrochen bzw. weitergeführt werden; oder es sollte das Lied vor und nach der Predigt gesungen werden, weil in diesem doppelten Singen die Predigt und der Akt des Singens eng aufeinander bezogen werden. Schließlich sind Liedpredigten der

Ort, an dem auch die Predigerin und der Prediger etwas über ihr Verhältnis zu diesem Lied sagen können. Insofern können Liedpredigten ein Prolog zu einem Dialog sein, für den die Kooperation mit dem Kirchenmusiker bzw. der Kirchenmusikerin und den Gemeindegliedern wichtig ist. Denn der Akt des Singens ist Sache der ganzen Gemeinde.

Anmerkungen

1 Vgl. auch Andreas Strauch, Bausteine zu einer Theorie der Liedpredigt 1, in: Ralf Koerrenz/Jochen Remy (Hg.), Mit Liedern predigen. Hermeneutica 3, Rheinbach 1994, 41–67.
2 Martin Rößler, „Festgedanken", Tübingen 1990.
3 Jürgen Henkys, Lieder im Gottesdienst. In: Peter C. Bloth u. a. (Hg.), Handbuch der Praktischen Theologie, Bd. 3, Gütersloh 1989, (98–111) 109.

Friedrich Wintzer

Die Liedpredigt
aus kirchenmusikalischer Sicht

1. Die kantorale Herausforderung

Grundsätzlich stellt die Gestaltung einer Liedpredigt eine Herausforderung für alle dar, die an der Vorbereitung des Gottesdienstes beteiligt sind. Das gilt zunächst für den gottesdienstlichen Arbeitsauftrag von Pfarrerin und Pfarrer: Gefordert wird bei der Liedpredigt nicht nur ihr exegetisches oder systematisches Interesse, ihr Sinn für die homiletische Großwetterlage und die Probleme ihrer Gemeinde, sondern mehr noch als in der üblichen „Text"-Predigt sind sie auch in ihrem Blick für Poesie gefordert, erst recht in ihrem Ohr für die Musik. Umgekehrt werden Kirchenmusikerin und Kirchenmusiker nicht einfach als „Künstler", Gesangs-Leiter oder Instrumentalisten beansprucht, sondern ebenso als „Musikwissenschaftler" und „Kantoraltheologen". Gemeinsam also beugt man sich über einen Ausschnitt volkskirchlicher Frömmigkeitstraditionen, über Segmente der Christentumsgeschichte in ihrer poetisch- bzw. musikalisch-symbolischen „Darstellung".

Dennoch ist gerade für Kirchenmusiker/innen die Beteiligung an einem Gottesdienst mit Liedpredigt eine Herausforderung. Gerade sie haben ja einen großen Anteil daran, daß christliche Frömmigkeitsgeschichte *wirksam* bleibt oder neu wirksam werden kann: In der Regel ist ja – bereits aufgrund ihrer „künstlerischen" Ausbildung – ihre Kenntnis der poetischen oder musikalischen Struktur eines Liedes größer als diejenige der Theologinnen und Theologen. *Eben auf diese Kenntnisse kommt es aber im verantwortlichen Umgang mit einem Kirchenlied besonders an!* Denn (obwohl das pastoralem Intellektualismus oft widerstrebt) der kognitiv zu erhebende und „theologisch" zu reflektierende Inhalt eines Kirchenliedes wird von der Gemeinde in der Regel erst an zweiter Stelle wahrgenommen. Wichtig ist zunächst der emotional-affektive Zugang zum Lied in seiner textlich-„poetischen" und erst recht in seiner melodisch-musikalischen Dimension. Ob ich auch „verstehe", was ich singe, wird oft erst nachträglich interessant. Das Singen selbst ist zum Teil ein Akt des Unbewußten. Daher muß das Lied und der Umgang mit ihm – und hier sei auch eine *kirchenmusikalische* Legitimation der Liedpredigt angedeutet – immer wieder ins kognitive Bewußtsein erhoben werden, wenn mit dem Kirchenlied verantwortlich verfahren werden und das Singen nicht zu einem bloßen *feeling* werden will (mag dieses feeling auch noch so sehr „religiöse Ergriffenheit" bedeuten). Ja, diese Verantwortung ist bei der Vermittlung der christlichen Botschaft durch eine Liedpredigt möglicherweise noch größer als bei einer „Text"-Predigt. Denn daß es das Singen eines Kirchenliedes allein nicht tut, zeigt nicht zuletzt der volkskirchliche Umgang mit dem Choral im Dritten Reich: Bisweilen vermochten Theologen und Kirchenmusiker nach Choralweisen sogar zu marschieren!

Was aber sind die einzelnen symbolisch-ästhetischen Ebenen als die Vermittlungsebenen der christlichen

Botschaft, die hier kirchenmusikalisch besonders zu reflektieren sind?

2. Theologisch-(musik)ästhetische Grundsatzüberlegungen

Wünschenswerte Selbstverständlichkeiten

Es ist zu wünschen, daß bestimmte Vorentscheidungen für die *Wahl* eines Liedes als Thema einer Liedpredigt im Grunde keiner ausführlichen Reflexion bedürfen, da hier pastoral-kantorales Einverständnis vorausgesetzt werden sollte.

Das gilt für die Einordnung des homiletisch zu thematisierenden Liedes in den alle Gemeindegruppen und sozialen und sonstigen Differenzierungen umgreifenden Kontext des *Kirchenjahres:* In der Symbolik des Kirchenjahres ist ja das kollektive Gedächtnis der Gemeinde – wie gebrochen auch immer – anwesend, wie denn ohne diese *Erinnerung* auch keine christliche *Hoffnung* möglich ist.

Ebenso selbstverständlich sollte jedoch *innerhalb* dieses Kontextes die Liedwahl im Blick auf die *konkrete Gemeinde* geschehen: In dieser formt sich ja das kollektive Gedächtnis zugleich unter den Bedingungen neuzeitlich-gesellschaftlicher Individuierungsprozesse aus.

Plakativ formuliert: Ein Familiengottesdienst zum Trinitatisfest dürfte nur in den seltensten Fällen Luthers Glaubenslied (EG 183) als Thema einer Predigt haben, da dieses Lied einer volkskirchlichen Gemeinde heute einfach zu fern steht.

Wünschenswert ist also auch, daß die in manchen Gemeinden immer noch ausgefochtene Kontroverse

„Alter Choral gegen Neues Lied" die Wahl eines Liedes als Thema einer Predigt nicht belastet, daß also keine Diskussion darüber aufbricht, ob nicht „neue geistliche Lieder" für die Gemeinde die Priorität besitzen müssen (so mitunter zumeist jüngere Pfarrer/innen aufgrund mangelnder Kenntnis älterer Choräle) oder im Gegenteil diese Lieder, da – wirklich oder vermeintlich – musikalisch grundsätzlich „schlecht", aus dem Gottesdienst zu verbannen sind (so mitunter Kantor/innen aufgrund mangelnder Kenntnis der Popmusik).

Man mag immerhin dies bedenken: Jedes Qualitätsurteil über ein Kirchenlied hat auch eine soziologische Dimension. So ist die rhythmisch „vitale" und von einem großen Tonumfang bestimmte Urfassung der Melodie des ursprünglich für eine pietistische *Klein*gruppe geschriebenen Liedes „Wunderbarer König" (EG 327) zweifellos ästhetisch befriedigender als die recht monotone Gesangbuchfassung, erfüllt aber schwerlich die Kriterien eines *Gemeinde*liedes. Ähnliches dürfte für „Ein feste Burg" (EG 362) gelten. Die rhythmisch vereinfachte Version dieses Chorals ist gegenüber seiner polyrhythmischen Originalgestalt keineswegs von vornherein zu verdammen; sondern sie ist zunächst Zeichen einer „anderen" und durchaus aus der Situation der „Volkskirche" und ihren Sing-Gewohnheiten heraus begründbaren Ästhetik. Diese hinwiederum kann ihrerseits sehr wohl „neue" Qualitätsmaßstäbe setzen: Man wird ja z. B. Mendelssohn bezüglich seines Umgangs mit diesem Choral (man vgl. seine V. Sinfonie) kaum vorwerfen können, er hätte in der unbefangenen Rezeption seiner vereinfachten Fassung schlechten Geschmack bewiesen[1].

Wünschenswert ist demgemäß erst recht, daß bei der Wahl eines Liedes die musikalischen Mittel bereitstehen, dieses Lied *für die Gemeinde wirklich singbar, d. h. in seinem verbal-kognitiv wie nonverbal-musikalisch „vor-*

handenen" *Inhalt nachvollziehbar werden zu lassen.*
Wenn ein Lied nicht auf seine emotional-affektiven
Qualitäten hin „dargestellt" werden kann, sollte es nicht
als Grundlage einer Predigt gewählt werden.

Es wäre also unsinnig, eine Predigt über ein Lied halten
zu wollen, dessen Melodie – wie bei manchen neuen Liedern (z. B. EG 285) – rhythmisch so komplex ist, daß sie
etwa von einem vielleicht ehrenamtlichen Organisten (er
muß keineswegs der „älteren Generation" entstammen!)
mit der Gemeinde nicht „eingeübt" oder nicht angemessen
begleitet werden kann.

Die Reflexionsebene „bekannt–unbekannt"

Aber selbst gesetzt den Fall, die obigen Wünsche sind
erfüllt, bleiben noch genügend kirchenmusikalische
Vorentscheidungen hinsichtlich der Liedpredigt zu
treffen.
Folgende Überlegungen dürften zunächst wichtig
sein: Wendet man sich einem bekannten Lied zu,
dann gilt es zunächst, an diesem Lied wirkliche oder
vermeintliche Selbstverständlichkeiten als Zeichen
eines gegebenen gemeindlichen Selbstverständnisses
zu vergegenwärtigen, zu vertiefen oder neu zu entdecken. Eine kirchenmusikalische Erleichterung ist
dabei, daß das pädagogisch-didaktische Moment hier
in den Hintergrund tritt: Es gibt nicht so viel „einzuüben".
Deutlicher in spezifisch musikdidaktische Zusammenhänge rückt dementsprechend eine Liedpredigt
über unbekanntere Lieder.

In diesem Fall besteht vielleicht auch die Chance, pastorale oder kantorale Vorurteile gegen ältere bzw. neuere Lie-

der zu mildern. Vielleicht ist in „konservativen" Gemeinden bisweilen eine Predigt über ein neues geistliches Lied sinnvoll bzw. umgekehrt in solchen mit Vorliebe für das neue geistliche Lied gerade ein alter Choral einer Predigt wert.

Das hinwiederum bedeutet für den liturgischen und gesamtgemeindlichen *Kontext* der entsprechenden Liedpredigt folgendes:

Sind Lieder in einer Gemeinde bekannt, d. h. musikalisch rasch „abrufbar", dann dürften Predigten über sie auch in Gottesdiensten „kasueller" Art möglich sein – etwa in Weihnachts- oder Konfirmationsgottesdiensten. Solche Lieder bieten ja die Chance zur Vergegenwärtigung eines konfessorischen oder doch zumindest „rituell-unangefochtenen" Grundbestandes gemeindlicher Frömmigkeit, der wenigstens in Grenzen noch gemeindlich-*distanzierte* Volkskirchenmitglieder berührt und der gerade auch für sie reflektierend vergegenwärtigt sein will, um nicht zu einem bloßen *feeling* oder einem für die individuelle Lebenswirklichkeit letztlich irrelevanten Klischee zu werden: Warum nicht also einmal in einem Heiligabendgottesdienst über „Stille Nacht" (EG 46) oder bei einer Konfirmation über „Danke" (EG 334) predigen?

Unbekanntere Lieder sind dagegen in den Grundbestand gemeindlicher Frömmigkeit zu *integrieren.* Sollen sie Gegenstand einer Liedpredigt sein, dann eher für den Gottesdienst der sich mehr oder weniger regelmäßig versammelnden „Kerngemeinde", so daß sie von hier aus auch weiterwirken können.

Es liegt auf der Hand, daß gerade bei der Wahl letzterer Lieder ein besonders hohes pastoral-kantorales Einverständnis darüber bestehen muß, ob diese Lieder einen bleibenden Platz auch *in der Gemeindemusik* erhalten sollen.

Zu warnen ist vor hymnologischen Strohfeuern, etwa begründet in individuellen – gar nur flüchtigen – pastoralen oder kantoralen „Vorlieben" für einen bestimmten Musik- oder Frömmigkeits-„Stil". Selbst wenn man also dem Autor ekklesiologischen Pragmatismus vorwerfen sollte: Von letzterer Überlegung her scheint es ihm verfehlt, Lieder zum Thema einer Predigt zu machen, die nicht im Gesangbuch stehen, da dieses immer noch ein emotional-affektives Symbol für einen – wenn auch sicherlich dürftigen – *consensus ecclesiae* bildet.

Die Reflexionsebene „Text–Melodie"

Es ist jedoch aus kantoraler Sicht weiter zu differenzieren, d.h. das jeweils homiletisch zu thematisierende Lied auch auf sein textlich-musikalisches Detail hin zu sichten.

Wichtig ist vor allem der innere *Zusammenhang* von Text und Melodie. Immerhin ist es ja einerseits eben die Musik, welche die „emotional-affektiven" Schichten der Gottesdienstteilnehmer im Blick auf den gesungenen Text und seine „Poesie" berühren kann; und andererseits ist es eben der Text, der die Melodie auch „verständlich" zu machen vermag. Was ist hier für die Gemeinde seitens der Kirchenmusikerinnen und Kirchenmusiker ins Bewußtsein zu erheben?

Bekanntlich sind die Möglichkeiten der Beziehung von Text und Melodie sehr unterschiedlich. Zunächst: Es gibt in dieser Hinsicht gelegentlich auch das „ideale" Kirchenlied, nämlich das Lied, bei welchem Text und Melodie von ein und derselben Person stammen. Erinnert sei an „Wachet auf, ruft uns die Stimme" (EG 147) oder an „Komm, Herr, segne uns" (EG 170). Nicht viel anders liegen die Dinge bei einer engen

Kooperation von Lieddichtern und Melodisten – so bei P. Gerhardt und J. Crüger. In solchen Fällen erhält die poetisch-symbolische Dimension des Textes (mitsamt der sie begründenden Frömmigkeitsstruktur) durch die Melodieführung bisweilen eine höchstmögliche emotional-affektive Stringenz.

Erinnert sei an die „emphatische" Dehnung des Viertel-Ablaufs des Liedes „Wie soll ich dich empfangen" (Gerhardt/Crüger, EG 11) zu halben Noten bei der *exclamatio* „O Jesu, Jesu setze".

In der Regel ist die Beziehung von Text und Melodie indes nicht so ideal durchgestaltet, sondern „zufälliger", ohne daß deshalb die Deutung des Wort-Ton-Verhältnisses im Blick auf die Liedpredigt problematisch würde. Das gilt etwa für Lieder mit emotional in gewissen Grenzen „neutralen", d.h. aufgrund ihres „Affektgehaltes" und mitunter auch nur aufgrund ihres Metrums für die Musikalisierung mehrerer Textdichtungen – oft dauerhaft – verwendeten Melodien (Lobe den Herren [EG 316]/Jauchzet ihr Himmel [EG 41]; Vom Himmel hoch da komm ich her [EG 24]/Dies ist der Tag [EG 42]).

Man möge also in solchen Fällen nicht allzuviel Bedeutsamkeit in die Beziehung von Text und Melodie hineingeheimnissen. Das gilt erst recht angesichts der Tatsache, daß auch Textdichter selbst – etwa B. Schmolck oder G. Tersteegen – in der Wahl angemessener Melodien oft recht einfallslos gewesen sind und sich vielfach auf das zu ihrer Zeit gängige Melodienrepertoire beschränkt haben (das oft von dem heute gängigen gar nicht sehr unterschieden war!).

Daß sich allerdings zahllose Gesangbuchkommissionen dieser Einfallslosigkeit angeschlossen haben, mag bisweilen beklagt werden[2].

Gelegentlich sind jedoch Grenzfälle zu bedenken, nämlich dann, wenn für ein und denselben Text unterschiedliche Melodien *auch zum praktischen Gebrauch der Gottesdienstgemeinde* selbst im Gesangbuch vorgesehen sind. So ist z. B. die Botschaft des Liedes „Von guten Mächten" (D. Bonhoeffer) eine andere, wenn man sie nach der Melodie von Fietz (EG-Fassung Rheinland-Westfalen 652) oder der von Abel (EG 65) zur musikalischen Sprache bringt.

Im ersteren Fall vermittelt die Melodie für viele Singende „Geborgenheit". Die Tonart ist „Dur", die Melodik ist gängig. Aber vielleicht allzu gängig in ihrem pop-musikalischen Swing? Vermittelt sie möglicherweise einfach die Geborgenheit eines kleinbürgerlichen Harmoniemilieus? Die Melodie Abels ist strenger, archaischer, eher bezogen auf die Gefängnis-Situation Bonhoeffers. Aber für viele Gemeindeglieder ist sie eben aufgrund ihrer stilistischen Merkmale ungewohnt (viele stammen ja nun einfach aus einem solchen Harmoniemilieu!). Worauf sollen also Pfarrerin und Pfarrer in ihrer Predigt den Akzent legen? Ist der homiletische Skopus die Rede vom bergenden Gott als solche (wobei die Geborgenheit, die er vermittelt, bei Fietz' Melodie in der Tat als kleinbürgerliche Harmonie mißverstanden werden könnte); oder will man von der Geborgenheit in Gott in einer Welt reden, die als empirische Welt alle Geborgenheit vermissen läßt, d. h. will man demgemäß die Geborgenheit in Gott – symbolisch – eher in einer „fremden" musikalischen Sprache darstellen? Allerdings bleibt dies der Gemeinde wiederum homiletisch zu vermitteln!

In jedem Falle gilt freilich: Eine solche Reflexion über die Beziehung zwischen Text und Melodie sollte *gründlich* geschehen; denn sie kann für die (pastorale) „Interpretation" des Textes Folgen haben, die sich gegebenenfalls auch auf die Predigt selbst auswirken.

3. Praxis-Annäherung

Bausteine des liturgischen Kontextes

Wie jedoch kann die Vergegenwärtigung eines Liedes im bezug auf seine homiletische „Anwendung" im Gottesdienst auch *musikalisch* geschehen? Welche Gestaltungsmittel sind hier zu bedenken, und wie sind sie liturgisch einzusetzen? Einige Bau-Elemente seien genannt.

Als selbstverständlich dürfte gelten: Das Lied, über das gepredigt wird, ist – und zwar im Kontext der Predigt – auch mit der Gemeinde zu *singen*.

Die Möglichkeiten der Zueinanderordnung von Lied und Predigt sind naturgemäß vielgestaltig. Oft ratsam ist es, das Lied sowohl *vor* wie *nach* der Predigt zu singen: als Hinführung zu ihr wie als ihre affektive Vergegenwärtigung. Bisweilen ist auch eine Gliederung der Predigt durch das Lied vorstellbar, so daß die Predigt die Charakterzüge einer „Homilie" trägt. Zweiteiligkeit bietet sich etwa für das Tersteegen-Lied „Kommt, Kinder, laßt uns gehen" (EG 393) an: Das Lied ist ja selbst zweiteilig, wobei der Einschnitt nach Strophe 5 erfolgt.

Möglich ist ebenso die Integration des gesungenen Liedes nicht nur in den Kontext der Predigt, sondern auch in andere *musikalische* Kontexte im *Umkreis* der Predigt. Dabei ist allerdings darauf zu achten, daß der Zusammenhang zwischen dem Lied als einem von der Gemeinde *aktiv* zu rezipierenden (also eben: von ihr gesungenen) Lied und der Predigt als einer verbalsprachlichen Aktualisierung eben dieses *Gemeinde*liedes nicht verlorengeht. Vorsicht geboten ist bei einer zusätzlichen musikalischen „Darstellung" des Liedes etwa vermittels einer Liedmotette oder einer Choralkantate. Vergessen wir nicht, daß gerade die protestantische Kirchenmusik auf weite Strecken auch ihrerseits Texte und Choräle „interpretieren" will; und so wäre schnell die Gefahr vorhanden, daß die Gottesdienstteilnehmer durch die Fülle möglicher (und frömmigkeitsgeschichtlich vielleicht sogar disparater) Interpretationsweisen eines Liedes überwältigt, allzu hohen Hör-Anforderungen ausgesetzt und damit in die Passivität gedrängt werden (insofern ist ein Gottesdienst mit Liedpredigt etwas anderes als etwa ein Kantatengottesdienst).

Damit ist hinsichtlich der Integration des Liedes, über welches gepredigt wird, in andere musikalische Darstellungsmöglichkeiten dieses Liedes kantorale Beschränkung angesagt. Die musikalischen Mittel sollten eher bescheiden bleiben. Vorstellbar ist ein Wechsel zwischen Gemeinde-Strophen und Chor-Strophen, ebenso das „Alternieren" zwischen Gemeinde-Strophen (Chor-Strophen) und „Orgelchoral" (oder einer anderen instrumentalen Darstellungsweise des Liedes, etwa derjenigen durch einen Instrumentalkreis).

Möglich ist auch die „meditative Vergegenwärtigung" der Melodie vermittels einer (vielleicht improvisierten) Orgel-Bearbeitung. Ihren Ort hat diese unmittelbar nach der Predigt – als deren musikalisch-kontemplativer Ausklang. Will man den Choral, über den gepredigt wird, noch umfassender musikalisch interpretieren, dann allenfalls – z.B. als „Choralfantasie" nach der Weise Buxtehudes – am Schluß des Gottesdienstes.

Pädagogisch-didaktische Bemerkungen

Bei allem wird noch einmal das pädagogisch-didaktische Moment wichtig, das die Kirchenmusik bei der

Gestaltung von Liedpredigten einzubringen hat. Gilt dies auch weniger bei bekannten, so doch bei unbekannten Liedern: In welchem Maße sind die Lieder, über die gepredigt werden soll, im Zusammenhang des Gottesdienstes auch mit der Gemeinde einzuüben?

Didaktische Details für das Einüben hier zu geben, ist fast überflüssig. Einige Momente seien lediglich genannt:
- Wie ist die „Musikalität" der Gottesdienstbesucher/innen zu beurteilen? Also etwa: Wieviele Teilnehmende sind zugleich Kirchenchormitglieder, so daß ich mich auf sie musikalisch „verlassen" kann? Daß hier gemeindesoziologische Probleme vorliegen können, wird noch andernorts zu zeigen sein.
- Welche Tonschritte sind für die Gemeinde besonders schwer zu singen?
- Welches Lied-„Tempo" ist angemessen?
- Bin ich beim Einüben auf ein Instrument angewiesen, etwa auf ein Keyboard im Altarraum?
- Und schließlich: Inwieweit sind bereits beim Einüben der Lieder „kantoraltheologische" Hinweise (etwa auf das Verhältnis von Text und Melodie) zu geben? Oder sind inhaltliche Überlegungen gänzlich Pfarrerin bzw. Pfarrer zu überlassen?

Keineswegs sei dieses ‚liturgische Einüben' von Kirchenliedern von vornherein verdächtig. Hier liegen ja Chancen vor, zunehmend sanges-unwillige Gottesdienstgemeinden neu zum Singen zu motivieren.

Ich plädiere jedoch dafür, daß dieses Einüben *mit Takt* geschieht. Zu vermeiden ist jede Manipulation der Gemeinde zu einem forcierten Gemeinschafts-*„Feeling"* hin, alle „Mitmach-Ideologie". Es gibt nicht nur das Recht des Gottesdienstbesuchers auf „Gemeinschaft", sondern auch auf Individuation – nämlich auf jene Individuation, von welcher her jeder einzelne *coram Deo* immer und stets auch ein Einzelner bleibt.

Zu warnen ist auch vor jeder inszenierten „spontanen Fröhlichkeit" vermittels eines solchen Einübens: Gerade der Gottesdienst in der Erlebnisgesellschaft sollte eingedenk bleiben, daß die Freude des „Reiches Gottes" von den Freude-Verheißungen der Animations-Industrie qualitativ unterschieden ist. Anthropologisch sollte der Gottesdienst im übrigen auch denen Raum geben, denen emotional-affektive Ereignisse und Erlebnisse gar nicht so wichtig sind (mag diese Präferenz für die kognitive Ebene der christlichen Botschaft auch für eine Erfahrungs-Theologie der Musik schmerzhaft sein).

Nicht weniger zu bedenken ist die Gefahr der Verwechslung von Gottesdienst und Musikunterricht. Verfehlt wäre also in jedem Falle, das Lied, über das gepredigt wird, erst im Ablauf des Gottesdienstes selbst – also unmittelbar vor der Predigt – einzuüben. Der liturgische Bruch wäre katastrophal. Somit gilt, daß das Einüben *vor* dem Gottesdienst zu geschehen hat.

Aber selbst hier sind Gefahren zu bedenken; besonders die Gefahr, daß die inner-gottesdienstliche Darstellung eines Liedes als „Aufführung" nach einer „Generalprobe" mißverstanden wird, so daß der Gottesdienst unversehens zu einer Kulturveranstaltung gerät. Diese Gefahr verstärkt sich, wenn die Liedpredigt ein neues geistliches Lied thematisiert, das eher auf dem Keyboard – d. h. vom Altarraum her – begleitet werden sollte.

Solche Erwägungen legen indes Folgerungen auch für eine über-gottesdienstliche Vorbereitung der Gemeinde auf die Liedpredigt nahe: Sollten nicht die

Lieder, über die gepredigt werden soll, falls sie noch unbekannt sind, vor ihrer gottesdienstlich-homiletischen „Verwendung" der Gemeinde auch im Zusammenhang des *gesamtgemeindlichen* Lebens bereits *bekannt gemacht worden* sein?

Wo ist freilich bei einer solchen „Bekanntmachung" dieser Lieder zu beginnen? Nüchtern gilt: Ansprechpartner innerhalb der Gemeinde für eine solche Vorbereitung auf die Liedpredigt sind zunächst die gemeindlichen Kerngruppen – ganz in der Weise, wie auch die Liedpredigt über unbekanntere Lieder zunächst der Kerngemeinde zugedacht sein sollte. Bei den Kerngruppen ist also musikdidaktisch zu beginnen. Damit ist zunächst z. B. der Kirchenchor gemeint.

Erkennen werden Kirchenmusikerin und Kirchenmusiker gerade bei diesem Ansprechpartner freilich sehr rasch, daß sie damit unvermittelt in die Frage nach dem *Gemeindeaufbau* durch den Gottesdienst geraten: Inwieweit ist ein Kirchenchor tatsächlich auch in den Sonntagsgottesdienst *integriert*? Oder ist er eher – neueren Tendenzen sprechen dafür – ein Konzertchor? Gefragt ist allerdings auch die homiletische Kompetenz von Pfarrer/in, nicht zuletzt die nach der ästhetischen Dimension ihrer Predigten.

Ebenso wichtig sind indes die sonstigen Kerngruppen der Gemeinde: Inwieweit ist die Kirchenmusik in der Frauenhilfe präsent oder im Seniorenclub? Inwieweit im kirchlichen Unterricht?

4. Ausblicke

Die Liedpredigt als kirchenmusikalische Herausforderung anzunehmen, kann also weite Horizonte eröffnen, möglicherweise weitere Horizonte, als Pfarrer/innen und ihrem jeweiligen kirchenmusikalischen Gegenüber genehm ist. Verantwortlichkeiten werden erkennbar, die oft nicht sonderlich im Bewußtsein sind (oder aus dem Bewußtsein geschwunden sind) – nämlich für die Gemeinsamkeit der Arbeit aller Beteiligten an der Sache des Gottesdienstes. In theologischer Reflexion öffnen sich zusätzlich die vielfältigen Dimensionen der Vermittlung der christlichen Botschaft in einem säkularen Umfeld, und es wird die Liedpredigt plötzlich zum paradigmatischen Bestandteil der Frage danach, inwieweit vom Gottesdienst her die Probleme des Gemeindeaufbaus allgemein eine neue Bedeutung gewinnen können.

Daß in der homiletischen wie kirchenmusikalischen Praxis die Probleme damit erst anfangen, muß freilich nüchtern gesehen werden: Noch längst nicht genügend reflektiert ist etwa die ästhetische (Aus)Bildung der Theologinnen und Theologen und die kantoral-theologische der Kirchenmusikerinnen und Kirchenmusiker. Keineswegs liegen schon allerorten genügend Ansätze für eine pastorale und kantorale Sensibilisierung für Kooperationsfähigkeit und -willigkeit vor. Dabei setzen sich solche Probleme im alltäglichen Gemeindeleben – also bei den „Laien" – fort, nämlich in Gestalt der seit langem zu beobachtenden Dissoziierung auch der einzelnen gemeindlichen *Gruppen* voneinander; denn diese Dissoziierung ist bekanntlich nicht nur eine der Lebensstile und Frömmigkeitsformen, sondern auch eine ästhetische: Sie hat ja auch den noch nicht überwundenen Konflikt zwischen den Befürwortern „alter" und denjenigen „neuer" Lieder heraufgeführt.

Realistisch ist also im bezug auf den kantoralen Beitrag zur Liedpredigt nur eine Strategie der kleinen

Schritte mit *pastoralem* Hören auf Kirchenmusikerin und Kirchenmusiker. Es sind zunächst die Schritte hin auf eine Akzeptanz der unterschiedlichen gottesdienstlichen Kompetenzen und ästhetischen Präferenzen einerseits, wobei andererseits – und das gilt gerade für die pastoral-kantorale Zusammenarbeit bei der Liedpredigt – die eigene Rolle relativiert wird[3]. Es sind ebenso die kleinen gemeinsamen Schritte in Richtung auf eine Gemeinde, die sich immer wieder ihrer symbolischen Identität zu vergewissern hat; und das besagt für Kirchenmusiker/innen in einer individuierten Gesellschaft und Volkskirche: daß sie in kantoral-pastoraler Kooperation inmitten der Pluralität der ästhetischen Möglichkeiten und der Frömmigkeitsstile immer wieder eine kognitive Bresche zu schlagen haben, um die Frage nach einer solchen Identität – eben auch vermittels der Liedpredigt – im Bewußtsein zu halten.

Verbunden sein sollten diese kleinen Schritte mit der „großen ästhetischen Vision" vom *Gelingen* solcher Symbolisierungsprozesse, vom Beginn ihrer pastoral-kantoralen Planung und Vorbereitung an: in einer *geglückten* kognitiven Reflexion wie in einer *„ekstatisch-liturgischen"* Wahrnehmung dessen, was sich als frömmigkeitsmäßiger Grundbestand der christlichen Botschaft immer schon ins Spiel gebracht hat. Wobei allerdings zu wissen bleibt, daß diese Vision – symbolisch gesprochen – auf die Vorstellung eines *„himmlischen"* Gottesdienstes, eine *musica coelestis* hin ausgerichtet ist. Ohne diese Vision sind auch kleine Schritte nicht möglich.

Anmerkungen

1 Zu bedenken bleibt allerdings bisweilen die gottesdienstliche „Gesamt-Stilistik". Wohl kann man in postmoderner Ästhetik von einem gottesdienstlichen *Patchwork*-Modell ausgehen. Es kann jedoch der Fall eintreten, daß die Beziehung zwischen „alten" und „neuen" gottesdienstlichen Elementen gerade musikalisch noch gründlicher zu reflektieren ist: Wie verhalten sich etwa Gregorianik und *Swing* in ein und demselben Gottesdienst zueinander? Besteht hier ein – hermeneutisch produktives – Ergänzungsverhältnis, oder kann eine solche Zueinanderordnung auch als Störung des gottesdienstlichen Gesamtablaufs verstanden werden?

2 So ist z.B. zu bedauern, daß für B. Schmolcks Lied „Schmücket das Fest mit Maien" (EG 135) oder für Tersteegens Lied „Jauchzet ihr Himmel" (EG 41) nicht alternativ die Vertonungen von A. Mendelssohn bzw. B. Dreier (DEG/Fassung Rheinland und Westfalen 82 bzw. 356) ins EG aufgenommen worden sind.

3 Es ist ja bei der kantoral-pastoralen Vorbereitung der Liedpredigt nicht zu verkennen, daß hier Kirchenmusikerin und Kirchenmusiker den Repräsentanten des Pfarramtes immer auch musikalische „Zuarbeit" leisten, während – anders als etwa in einem Kantatengottesdienst – die Repräsentation von Kirchenmusik als autonomer „Kunst" zugunsten bestimmter Formen von „Gemeindepädagogik" zurücktritt.

Gustav A. Krieg

„Seht, die gute Zeit ist nah" (EG 18)

1. Advent

„Seht, die gute Zeit ist nah,
Gott kommt auf die Erde,
kommt und ist für alle da,
kommt, daß Friede werde,
kommt, daß Friede werde.

Hirt und König, Groß und Klein,
Kranke und Gesunde,
Arme, Reiche lädt er ein,
freut euch auf die Stunde,
freut euch auf die Stunde."

Liebe, nicht nur zum Hören, sondern auch zum Singen berufene Gemeinde!

Heute haben wir alle zusammen die Möglichkeit, einen weitverbreiteten Irrtum zu widerlegen. Ich meine den Irrtum, in der Kirche gäbe es praktisch nichts Neues, sondern nur alte Tradition für vornehmlich alte Leute: Kirche auf dem Altenteil. Also nichts Neues unter der Sonne der Kirche!?

Ich habe heute drei Neuigkeiten anzukündigen, an denen Sie teilhaben:

I. ein neues Gesangbuch,
II. einen neuen Predigttextlektor und
III. ein neues Lied.

Ein neues Gesangbuch, das kommt nicht alle Tage oder Jahre vor, mehr als 30 Jahre dauerte es, bis dieses neue Gesangbuch herauskam. Ich kann mich noch erinnern, wie ich am 6.12.1958 das damals noch ziemlich neue Gesangbuch in Schleswig-Holstein erwarb. Hier ist es; es war das EKG und diese Abkürzung fand ich immer etwas belustigend im Blick auf Herzrhythmusstörungen der Kirche.

Das neue EG nun – auch diese Abkürzung ist nicht ohne störende Assoziationen – sieht äußerlich, jedenfalls in der Ausführung für den Gottesdienst, gar nicht so viel anders aus. Das ändert sich erfreulicherweise, wenn wir es aufschlagen. Entgegen den Erwartungen mancher Profis hat das neue EG doch öffentliches Aufsehen erregt, es ist nicht nur gewichtig – keine Kleinigkeit bei 1645 Seiten –; und wir haben auch schon gemerkt: Manches ist wirklich neu darin: 238 neue Lieder im Stammteil, der mit 394, darunter 70 Kanons und 53 mit vierstimmigen Liedsätzen, viel ökumenisches Liedgut, auch allerhand exklusive Sprachprobleme mit inklusiver Sprache – es lohnt sich auf jeden Fall, es zu nutzen, und nicht mehr so oft wie früher wird man Liederzettel extra drucken müssen. Ob das EG den Härtetest besteht, auch für Konfirmanden ein genutztes Buch zu werden, lasse ich hier noch offen. Es ist auf jeden Fall ein Fortschritt für manche Gottesdienste, und es möge sich auch in den Familien zeigen: der Trend zum christlichen Zweitbuch nach der Bibel sollte zunehmend nicht an uns vorübergehen. Es gibt auch viele Hefte und Hilfsbücher dazu, so daß wir alle allmählich ‚EG-fähig' werden können.
Diese erste Neuigkeit verhilft mir zu einer zweiten:

II

Wir haben heute einen neuen Predigttextlektor. Sonst liest ja gewöhnlich, wer predigt, auch selbst den Text vor; diesmal war ich davon entlastet: wir alle haben ihn gelesen und gesungen. Das neue Gesangbuch macht es möglich: wir alle kennen den Predigttext nun aus eigener Anschauung und Ansingung, wobei auch die schon genannten Kanonmöglichkeiten uns vor Ohren geführt worden sind. Daß das Gesangbuch auch auf diese Weise kanonisch wird, freut hoffentlich nicht nur mich, ist doch so ein Kanon ein schönes *Realgleichnis* dafür, daß wir in verschiedenen Gruppen plurale Gemeinschaft erleben können. Nichts gegen Einstimmigkeit, aber alles gegen Monotonie. Jeder, der mitsingt, ist heute auch am Predigttext beteiligt.

III

Die dritte Neuigkeit, ein neues Lied zum Advent. Ich habe Nr. 18 sehr gerne und ohne lange zu überlegen gewählt, weil es mir besonders gut den biblischen Leitsatz befolgt und ausführt, mit dem ich den Gottesdienst heute einleitete: „Singt dem Herrn ein neues Lied, denn er tut Wunder".

Es ist ein sehr einfaches, aber elementares, für Kinder und Erwachsene geeignetes Lied, das uns aufmerksam macht auf die Wunder, die Gott getan hat und noch tut. Wunder, so sage ich gerne, sind nicht für Meckerer oder *Besserwisser* da, sondern Wunder sind zum Wundern da und damit als Zeichen auch zur Freude des Glaubens, der ja selbst ein Wunder ist. Gottes Tun ist ein Paradox, was wörtlich heißt: ein Ereignis gegen unsere übliche Meinung, und Wunder kann man nicht besser würdigen, als daß man sie besingt, *vielstimmig* besingt. Warum, so fragen bestimmt einige kluge Leute von der Anthropologie, singen die Menschen und nicht nur die Vögel oder sogar der ganze Kosmos? Es ist doch wohl so, daß Singen eine erhöhte Form von verbaler und nonverbaler Sprache ist – „Wo das Herz voll ist, läuft der Mund über" –, sei es der Klage wegen oder des Lobes. Es ist eben dies, was in der Bibel so heißt:

> „Maria singt und sagt es:
> Meine Seele erhebt den Herrn
> und mein Geist freuet sich Gottes,
> meines Heilands."

Wer singt, betet doppelt, mit Kopf und Herz, mit Geist und Seele und Körper zugleich. Warum also nur davon reden, schlagen wir doch unser neues Buch auf und lassen das Magnificat (Nr. 588, Rheinland-Westfalen) erklingen. Ich sagte, daß das Lied Nr. 18 ein Lied ist, das Gottes Wundertaten besingt und davon will ich kurz erzählen: Sie haben ja den Text vor sich.

Im Grunde ist es *ein* Wunder, das heißt: *Gott kommt, er kommt auf die Erde,* aber es setzt sich aus verschiedenen Wunderbarkeiten zusammen:

1. Gott kommt.
2. Gott ist in seinem Kommen für alle da.
3. Gott selber lädt uns ein.
4. Er ermutigt uns zur Freude.

Das ist nun alles keineswegs selbstverständlich.

1. Ob es Gott gibt oder nicht gibt, darüber kann man ja vergeblich diskutieren, biblisch verstanden: Gott ist nicht so, daß es ihn gibt wie eine Sache. Sein Sein ist im Kommen: Gott *ist* im Kommen. Wir kön-

nen ihn nicht dingfest machen, aber er kommt auf uns zu. Das ist Advent, Ankunft, das ist die Wahrheit der Zukunft, das ist Invention und Intervention, Gott kommt uns dazwischen.

2. Sein Kommen auf Erden *gilt allen*. Unser Lied nennt Gegensätze:
Hirt *und* König
groß *und* klein
Kranke *und* Gesunde
Arme *und* Reiche
In diesem ‚Und‘ steckt ein Frieden, der gut ist für alle.

3. *Frieden* ist sein Ziel, wir singen von der Friedensbewegung Gottes, die wir wahrnehmen sollen und der wir uns anschließen können. Frieden auf *Erden* und nicht nur im Himmel. Gott könnte ja wahrlich uns zum Gericht, zur Strafe, zum Unheil kommen, aber er will unzweideutig Frieden.

4. Gott kommt so, daß wir zu ihm kommen können. Wir erkennen das an der universalen Einladung, die wir nicht einschränken dürfen.

5. Gott kommt zur Freude, nicht zu Trauer, Angst und Panik, sondern aus Freude, vielleicht unter Tränen, aber zum erfreulichen Ja: ‚Weil ich gekommen bin, bist Du willkommen‘. E. Jüngel schrieb auf die Frage: „Warum Christ sein?“ den wirklich wunderbaren Satz: „*Aus Freude an Gott*“, aus Freude an diesem oft verborgenen, erfreulichen Gott.

Drei Neuigkeiten und ein Wunder mit fünf Ecken habe ich mit Hilfe dieses Liedes versucht mitzuteilen, nun bleibt nur noch eine Frage: Ist dieses neue Lied mit der alten Botschaft von der Ankunft Gottes uns wirklich *nahe*?

Es fängt ja so an: „Seht, die gute Zeit ist *nah*“. Wie nahe ist uns dieses Lied, wie lebensnah und wie zeitnah? Ist es nicht ein altes Kinderlied aus alter guter Zeit und nicht mehr? Ich nehme diese Frage ernst, aber ich bin entschlossen, gegen alle ‚Eierkuchengegner‘ ins Liedfeld zu ziehen. Es gibt ja viele, die bei solchen Liedern spöttisch oder vielleicht auch traurig sagen: Friede – Freude – Eierkuchen. Ich frage immer, was haben diese Leute gegen Eierkuchen? Vielleicht meinen sie Pustekuchen? Wie dem auch sei, anscheinend ist es so, daß Friede und Freude allein noch nicht genügt. Ist aber nicht mit Friede und Freude im Namen Gottes schon alles gesagt und gesungen? Singen verführt vielleicht zu Illusionen; Singen hat die Menschen sogar zu Kriegen berauscht, wer wüßte das nicht, aber Singen sollte man deshalb aus Angst vor Mißbrauch doch nicht unterlassen. Manche haben aber leider für immer einen Stimmbruch. Aber jede Bruchstimme ist im Chor des Glaubens willkommen, denn Gott freut sich nicht nur über die schönen Stimmen.

IV

Dieses Lied ist lebens- und zeitnah.

Es kommt aus Mähren, aus einer oft verfolgten Kirche und paßt dazu, daß noch vor Weihnachten 1996 Deutsche und Tschechen eine längst nötige Aussöhnungs-Erklärung veröffentlichten.

Dieses Lied schrieb Friedrich Walz, und ich freue mich sehr, daß von ihm Lieder im neuen Gesangbuch stehen. Wir haben zusammen in Göttingen studiert, und ich trauere noch heute um ihn, der kurz vor seinem 52. Geburtstag 1984 an einem heimtückischen Tumor gestorben ist. Bewegend ist sein, leider inzwischen vergriffenes Buch mit ‚Gedanken für Zeit und Ewigkeit‘: „Das Leben ist der Weg“, ich lasse einiges davon heute in den Gebeten anklingen. Er schrieb realistisch von den *Schritten* zum Frieden, nicht nur vom Ziel, und ihm konnte man glauben, als er sagte: „Trost heißt: die Gegenwart Gottes glauben" und aus dem Krankenhaus berichtete er, wie viel ein Brief für einen Kranken bedeuten kann. „In seiner Nähe wurde einem das Glauben leichter", schrieb einer, der ihn gut kannte, ich bestätige das. Und nicht nur sein Lied, sondern er selbst ist mir nahe, das Gesangbuch bringt uns zusammen: die Lebenden und die Toten.

Die gute (neue) Zeit ist nahe, ich wiederhole es. Die Wahrheit der Nähe ist die Nähe der Wahrheit. In der Nähe statt der Enge, die Angst macht, und in der offenen Nähe erfahren wir die Wahrheit der freien Ankunft. Das ist eine Nähe, die weltweit reicht. ‚Brot für die Welt' fängt deshalb jeden Advent neu an. Das letzte Jahr erbrachte leider 7% weniger an Spenden. Ob das nicht Sparen am falschen Ende ist?

Und wie gehen wir um mit unserer Zeit? „Verschenkte Zeit ist nicht verloren", sagte Friedrich Walz, der auch von einem Ausländer berichtete, der auf dem Christkindelmarkt in Nürnberg von kritischen Christen gefragt wurde:

„‚Machen Sie Weihnachtsgeschenke? Wenn ja: Warum?' Eine Jugendgruppe, evangelisch, wollte mit der Frage den Besucher des vermutlich schönsten deutschen Weihnachtsmarktes, dem Christkindelmarkt in Nürnberg, auf den Zahn fühlen. Vielleicht auch auf die Nerven gehen.
Die Antworten der Leute wurden auf Reportergeräte aufgenommen und in einen Jugendgottesdienst eingespielt. Was dabei ein junger Franzose sagte, ist mir unvergeßlich: ‚Verschenken Sie heuer zu Weihnachten etwas?' – ‚Ja, viel.' – ‚Und warum?' – ‚Läben ist so kurz.' "

(F. W.: Das Leben ist der Weg, München [2]1985, S. 88)

37

Ja das Leben ist nicht unendlich, sondern gestundet. Unser Lied endet mit dem Hinweis, daß die gute nahe Zeit Stunden hat. Wir leben in – Ingeborg Bachmann schrieb es 1952 – „gestundeter Zeit". Die Zeit ist gestundet wie eine Schuld, und die Dichterin hatte wohl Recht, wenn sie schloß:

„Lösch die Lupinen. Es kommen härtere Tage."
Aber das Singen, Dichten und Sagen darf nicht
gelöscht werden, soll nicht und kann nicht enden
vor der Ankunft Gottes.
Das ist das alte neue Lied:
Er kommt, der unser aller Du.
Weil sein ‚ich bin' dich und mich meint,
werden wir uns, zum Frieden befreit, erfreut näher
kommen,
so nahe wie die Zeilen und Klänge eines Liedes.

Henning Schröer

„Die Nacht ist vorgedrungen" (EG 16)

Advent

Was ist es mit der Nacht, daß wir sie so fürchten?
Daß wir sie fliehen, sie meiden, sie am liebsten und
am besten verschlafen?

Was ist das mit der Nacht, daß sie uns so oft Angst
macht, so drückt und würgt und wir Gespenster sehen überall im Raum, Stimmen hören, die nicht die
unseren sind, Lufthauch spüren, obwohl Fenster und
Türen geschlossen sind?

Was ist das mit der Nacht, daß wir wünschten, es
wäre Morgen, endlich Morgen, neuer Tag, neues Spiel,
neues Glück?

Liegend in unseren Betten sind wir ihnen ausgesetzt, den Gedanken, die wir tags nicht zu denken
wagen, den Gefühlen, die wir tags uns nicht zu fühlen
trauen, den Tränen, die wir im Licht der Öffentlich-
keit nicht weinen dürfen, und den Träumen, deretwe-
gen wir uns bei Licht besehen lächerlich vorkommen.

Wach sein, nachts, hellwach, heller wach, als es im
klarsten Sonnenschein je möglich ist. Nachts sind
nicht alle Katzen grau, sondern da leuchtet es grell-
bunt in unserem Kopf und in unserem Herzen, da
sind die Gedanken so frei, so beinahe anarchistisch an
nichts und niemanden gebunden, da sind sie als Frei-
beuter unterwegs, Ideale zu entern, die Flagge der

Freiheit zu hissen und Lieder der ungestillten Sehnsüchte wehmütig über die Wellen gleiten zu lassen. Und immer da, wachsam, nicht abzuschütteln, das Bewußtsein, daß der Tag wieder kommen wird, sie gefangenzunehmen. Bewußtsein, schmerzendes Bewußtsein, daß die Welt es nur der Nacht erlaubt, den Träumen ein Zuhause zu geben.

Und auch sie kommen nachts, weil keiner da ist, sie uns zu nehmen, wenn wir wach liegen, auch sie kommen, die Ängste und die Furcht, gespeist aus dem Gestern, für das jedes Wiedergutmachungsangebot zu spät kommt, gerichtet auf das Morgen, welches bedrohlich vor uns steht, unserem sicheren Zugriff geschickt entwunden. Schaut man in die Programmzeitschrift der Zukunft, dann sieht man sie doch schon, die Fehler, die man wieder machen wird, die Enttäuschungen, die man wieder erleiden wird, die Verluste, die man wieder wird hinnehmen müssen. Überraschungen können doch nur noch angenehm sein, alles andere, was das Wort ‚Leiden' noch sein könnte, ist längst im Leben durchdekliniert.

Nachts, wenn das Böse nur darauf wartet, im Dunkel über uns herzufallen, uns nach dem Lebensatem zu trachten, nachts, wenn wir die Geister nicht mehr loswerden, die wir riefen, nachts, wenn wir spüren, daß Schlafes Bruder Tod heißt, nachts, wenn wir nichts mehr spüren als Schweigen und Stille und Dunkel und ein Nichts, ein gottverlassenes Nichts.

> „Die Nacht ist vorgedrungen,
> der Tag ist nicht mehr fern.
> So sei nun Lob gesungen
> dem hellen Morgenstern!
> Auch wer zur Nacht geweinet,
> der stimme froh mit ein.

Der Morgenstern bescheinet
auch deine Angst und Pein.“

Die einzelnen Liedstrophen singt jeweils die Gemeinde.
Sie können aber auch von einer Einzelstimme gesungen werden.

Gnade und Friede von dem, der da ist und der da
war und der da kommt, sei mit uns allen.

Von dem, der da war und der da ist und der da
kommt. Und der da kommt. So gewiß wie das Amen in
der Kirche. So gewiß wie der Morgen nach der Nacht.
So gewiß wie die Sonne nach dem Dunkel, auch wenn
sie hinter Wolken verborgen bleibt: Und der da kommt.

Nur noch eine Woche und ein kleines bißchen mehr.
Neunmal werden wir noch wach, dann ist Weihnachts-
nacht. Dann spüren wir ihn mitten in der dunkelsten
Nacht, den Morgenstern, dann leuchtet er über der
Krippe und an den Kerzen am Weihnachtsbaum, in
den Augen der Kinder, die noch unschuldig staunen
können über das: Der da kommt. Die noch glauben
können, daß in dieser Nacht ein neuer Tag anbricht,
eine neue Welt, ein neues Leben. Neunmal werden
wir noch wach. Noch neun Nächte haben wir zu
überstehen, dann ist Tag auch für uns. Wenn wir denn
noch glauben können, daß in dieser Nacht ein neuer
Tag anbricht, eine neue Welt, ein neues Leben. Wenn
wir diesen Glauben hinübergerettet haben, nachdem
wir vertrieben wurden aus unserem Zuhause, nachdem Vernunft und ein gesunder Egoismus die Peit-
sche in die Hand genommen haben: „Fort mit euch,
laßt sie hinter euch, die Phantasie und den Glauben an
das Gute“, nachdem die Realität uns willkommen hieß
und uns zu Ehren den roten Teppich ausrollte, den
blutroten Teppich aus Filz. Gib Gott, daß wir ihn gerettet haben, den Glauben unserer Kindertage. Was sonst,
was sonst soll, was sonst kann uns retten in unserer

dunklen Nacht, in diesem Chaos, diesem Wüsten und Leeren, diesem Nichts der Wirklichkeit?

Der Tag ist nicht mehr fern. Neun Nächte noch. Neun Nächte des Schlafes, neun Nächte des Weinens. Dann scheint der helle Morgenstern. Und er wird bescheinen all unsere Nacht. Er wird sie buchstäblich an den Tag bringen, er wird aus diesem gottverlassenen Nichts schaffen einen neuen Himmel und eine neue Erde. Und einen neuen Menschen. Er nimmt unsere Angst und unsere Pein wahr und ernst, packt uns da, wo wir am verletzlichsten sind, mitten in unserer Nacht, in unserer Angst, in unserer Pein, unserer Peinlichkeit, unserer ganzen Armut und Hilflosigkeit, so, wie wir vor ihm stehen, noch im Nachthemd, mit verstrubbelten Haaren, unrasiert, zitternd vor Kälte und mit von geweinten Tränen verklebten Augen, in denen noch die Furcht zu lesen ist, einem nächsten Alptraum entgegenzudämmern. Neun Nächte noch. Dann scheint der helle Morgenstern.

> „Dem alle Engel dienen,
> wird nun ein Kind und Knecht.
> Gott selber ist erschienen
> zur Sühne für sein Recht.
> Wer schuldig ist auf Erden,
> verhüll nicht mehr sein Haupt.
> Er soll errettet werden,
> wenn er dem Kinde glaubt.“

Gnade und Friede von dem, der da kommt. Der bei uns anklopfen wird, uns aufwecken wird, wenn aus unserem Schlaf Schlafes Bruder zu werden droht. Der uns herausreißt aus Sünde und Tod, aus Selbstverliebtheit und Stumpfsinn, aus Angst und Not, aus Verzweiflung und Kummer, aus Gnadenlosigkeit und folgenschweren Irrtümern. Der Licht bringt in unser gottverlassenes Nichts, in unsere armselige Nacht, in unser wüstes und leeres Dasein. Der sie vertreibt, die Geschöpfe der Nacht, die Gespenster und die Geister, die wir riefen. Das muß ein starker Held sein, der da kommt. Da ist sie schon zu ahnen, die heilige, heilsame Nacht, die einen neuen Tag bringt und ein neues Leben. Nur neun Nächte noch, dann ist der Morgenstern da. Pauken und Trompeten, jubelnde Chöre und Posaunen erschallen und kündigen den Gottheld, Wunderrat, Friedensfürst an.

Da steht es so nah vor der Tür, das Glück, der Segen, das Heil. Wir brauchen nur die Tür hoch und die Tor weit zu machen, daß es einziehe bei uns. Da weckt uns eine Stimme, ruft uns aufzuwachen, und wir brauchen nur dem Ruf zu folgen. Doch es ist ein leises Klopfen einer kleinen Hand, und es ist die Stimme eines Kindes, wo wir doch einen starken Helden erwarten. O ja, wir werden wach, irgendwann einmal, aber den rechten Zeitpunkt haben wir verschlafen. Haben Tür und Tor verschlossen gelassen, haben dem Kind nicht geglaubt, haben es gar nicht gehört, das leise Klopfen. Und wir wundern uns, daß wir immer noch unter der Last der Sünden vergraben sind, und wir stöhnen immer noch unter Angst und Pein. Und weinen immer noch. Und verhüllen weiter unser Haupt, vergehen vor Furcht und Scham, tief unter der Bettdecke vergraben, damit sie uns nicht finden, das Böse nicht, uns vollends zu sich zu holen, Gott nicht, uns die gerechte Strafe angedeihen zu lassen.

Dem Kind glauben. Verstehen, was diese Szene von Bethlehem für die Menschheit, für jeden einzelnen von uns bedeutet. Verstehen, was das Gloria der Engel meint: Ehre sei Gott in der Höhe und Friede auf Erden – ist das nicht ein bißchen viel verlangt? Zu glauben, daß Gott Kind geworden ist, Mensch, daß er solches für uns getan hat? Er, der doch so viel Macht hat, daß alle Engel ihm dienen?

Alle Engel – auch der Schutzengel, der stets um uns ist, der aufpaßt auf uns, der heilige Engel, der mit uns ist am Tag und in der Nacht, daß der böse Feind keine Macht an uns finde. Die Engel dienen Gott, indem sie auch für uns da sind. Gott ist mächtig, ja. Aber er ist es für uns. Damit der böse Feind keine Macht an uns finde – auch der böse Feind in uns selbst nicht, der uns immer wieder reizt, uns einen Streich nach dem anderen spielt und nicht merkt, wo aus dem Spiel tödlicher Ernst zu werden droht.

Dem, der da kommt, glauben. Bedingungslos. Hoffnungsvoll. In glaubender, fröhlicher Gewißheit dem Tag des Heils entgegensehen. Plötzlich und unerwartet froh sein dürfen, froh sein können; mitten in der Traurigkeit aus dem Frondienst an diesem gottverlassenen Nichts in die Fröhlichkeit der Freiheit in Christus geworfen werden – Gott sei Dank!

> „Die Nacht ist schon im Schwinden,
> macht euch zum Stalle auf!
> Ihr sollt das Heil dort finden,
> das aller Zeiten Lauf
> von Anfang an verkündet,
> seit eure Schuld geschah.
> Nun hat sich euch verbündet,
> den Gott selbst ausersah."

Gnade und Friede von dem, der da ist und der da war und der da kommt. Im Jetzt, in der Vergangenheit und in der Zukunft – er ist da. Immer schon, immer wieder, immer noch. Was immer in der Welt noch geschehen mag, was immer sich Menschen noch an Absurditäten einfallen lassen, um Gott wegzurationalisieren – er bleibt, und mit ihm seine Gnade und seine Barmherzigkeit und seine Liebe.

Jetzt, in diesen Tagen, da fällt es leichter, daran wieder zu glauben. Advent, die Zeit des Ankommens und Werdens, da geschieht so etwas wie Weihnachtsputz in der Seele, im Herzen. Die Abende sind lang, laden ein zum Geschichtenerzählen, zum Lauschen auf das Geheimnis der Erlösung, die in der Erinnerung liegt. Menschen, längst vergessen geglaubt, tauchen vor dem geistigen Auge auf; die Illusion, daß früher alles besser war, tröstet und wärmt die gefühlskalten Gedanken; Wehmut und Sehnsucht sind gestattet; bei Tee und Christstollen, bei selbstgebackenen Plätzchen, bei Adventskranz und den Liedern, von denen man sogar den Text noch kann. Da spürt man sie schon, die Strahlen des Morgensterns, da ist es zu erahnen, daß die Nacht ihre beste Zeit hinter sich hat und uns entläßt in einen neuen Morgen. Da gibt es Raum für ein Lächeln, für ein An-Denken, für ein Du zum Ich. Und selbst der Streß und die Hektik gewinnen andere Dimensionen, weil es in der Regel um andere geht, für die man sich diesen Streß macht: Geschenke mit Sorgfalt auswählen; Karten schreiben, auch wenn's nur alle Jahre wieder ist. Das Essen für die Weihnachtstage planen; Besuch organisieren – das alles gehört dazu. Und irgendwo in diesem Streß verborgen ist dann auch die Liebe, die Liebe, ohne die man sich gar nicht dort hinein stürzen würde.

Ja, jetzt fällt es wieder leichter, daran zu glauben: Alles wird gut. Denn der, der da kommt, ist einer wie du, einer wie ich, einer wie wir, ein Kind, ein Mensch, und doch – er bringt das Heil. Er bringt die Erlösung. Nicht, indem er uns vernichtet, aburteilt, unser Sein einfach durchstreicht; sondern indem er ein Mensch wird wie wir, uns annimmt in all unserer Schuld, all unserer Angst, all unserer Pein, all unserer Peinlichkeit; uns annimmt, wie wir vor ihm stehen. Er wird unser Bruder, der uns an die Hand nimmt und den Weg mit uns geht, den Weg zum Richter, den wir fortan nicht mehr zu fürchten brauchen. Er schließt einen neuen Bund mit uns, wird so unser Verbündeter, der sich unsere Last auflädt, unsere Schuld, unseren Tod leidet, für uns ans Kreuz gehen wird. Ihr werdet finden das Kind in einer Krippe liegen. Im Stall die Erlösung, nicht im Königspalast, nicht im Gotteshaus. Im Stall, in einer Krippe. Dort ist das Heil zuhause, unerwartet, unmöglich, unglaublich. Wunderbar. Dort ist das Heil zuhause, wo der Mensch klein und niedrig ist, nur das Notdürftigste hat, wenn überhaupt, im Kerker der Verlassenheit, allein gelassen scheinbar von Gott und Menschen, eingeschlossen von Angst und Nacht und Dunkel und Stille. Dort leuchtet der Morgenstern, ein neuer Himmel, eine neue Erde, ein neuer Mensch. Jetzt ist Zeit, aufzuwachen, aufzustehen. Jetzt, mitten in der dunkelsten Nacht, mitten in Angst und Pein; jetzt ist Zeit, sich aufzumachen zum Stall, zum Niedrigsten und Ärmsten, zum Stall der Seele und des Herzens. Dort werden wir sie finden, dort im Stall: die Erlösung.

„Noch manche Nacht wird fallen
auf Menschenleid und -schuld.
Doch wandert nun mit allen
der Stern der Gotteshuld.
Beglänzt von seinem Lichte,
hält euch kein Dunkel mehr,
von Gottes Angesichte
kam euch die Rettung her."

Von dem, der da kommt, die Erlösung, die Gnade, der Friede. Nur noch Tag? Alles eitel Sonnenschein? Nur noch Heraufbrechen des Tages? Nur noch Leben im Dämmern eines neuen Morgens? Nur noch neun Nächte, und dann sind vorbei Angst und Pein? Wir alle wissen, daß es nicht so sein wird. Leben und Sterben des Dichters Jochen Klepper, aus dessen Feder das Predigtlied stammt, sind Beweis dafür, tragischer Beweis. Als Klepper 1942, im Alter von 39 Jahren, zusammen mit seiner jüdischen Frau Johanna und der Tochter den Freitod wählte aus dem Unerträglichen dessen, unter dem seine Familie und er mit ihr im Dritten Reich leiden mußten, als er nach zähem Ringen und Kämpfen nichts mehr wußte und konnte, als diesen Weg bis zum bitteren Ende zu gehen, da war es dunkel, da war es nichts, da war es wüst und leer. Sie werden wiederkommen, die Nacht, das Dunkel, das gottverlassene Nichts, die Angst und die Pein. Aber seit dieser Nacht in Bethlehem, seit dieser Stern über dem Stall leuchtete, seit dieses Kind in einer Krippe lag, seitdem ist nichts mehr wie vorher. Seitdem sind schon neuer Himmel, neue Erde, neuer Mensch. Seitdem leuchtet in all unserem gottverlassenen Nichts ein Morgenstern, ein Funke Hoffnung, ein Funke nur, der doch brennen kann, wenn der Lebensodem Gottes uns anhaucht und wir vor lauter Lob und Dank und Preis den Mund weit aufmachen und so dem Lebensodem einen Weg in unsere dürstende Kehle, in unsere Seele bahnen. Seitdem leuchten Angst und Pein hervor als das, was sie sind, ungeschönt, unverbrämt, entdeckt, aufgedeckt, hervorgezogen unter der Daunendecke des Selbstbetrugs, weggeholt von dem dumpfen, kalten, übelriechenden Schweiße meines Angesichts hingestellt in das leuchtende Angesicht Gottes, des Erlösers, in das Gesicht

eines schlafenden Kindes, das gänzlich losgelöst ist
von Dunkel und Angst und Pein. Klepper wußte
darum. Er wußte darum, als er dieses Lied mitten in
all den Wirrnissen dichtete. Und er wußte darum, als
er am Abend vor dem Freitod in sein Tagebuch
schrieb:

„Wir sterben nun – ach, auch das steht bei Gott –
Wir gehen heute nacht gemeinsam in den Tod.
Über uns steht in den letzten Stunden das Bild des
Segnenden Christus, der um uns ringt.
In dessen Anblick endet unser Leben."

Wir haben noch viel Weg vor uns; jeden Tag gilt es,
aufs neue zu kämpfen, sich wieder aufzuraffen, sich
nicht zurückschlagen zu lassen, sich von keiner Weg-
biegung ängstigen, von keinem steilen Hügel ab-
schrecken zu lassen. Es gilt, den Stand-Punkt zu verlassen, zu neuen Horizonten aufzubrechen. Mitten in
der Nacht aufzustehen, sich vom Morgenstern leiten
zu lassen und zu glauben, daß in der Krippe das Heil
wohnt. Es wird gelingen, wenn wir glauben. Es wird
gelingen, weil ER bei uns ist. Weil ER ist, und weil
ER war, und weil ER kommen wird.

„Gott will im Dunkel wohnen
und hat es doch erhellt.
Als wollte er belohnen,
so richtet er die Welt.
Der sich den Erdkreis baute,
der läßt den Sünder nicht.
Wer hier dem Sohn vertraute,
kommt dort aus dem Gericht."

Der da kommt, kommt aus dem Dunkel der Heiligen Nacht, in der schon die frühe Morgendämmerung aufleuchtet. Er kommt aus einem gottverlassenen Stall, der doch nicht gottverlassen ist, sondern erfüllt mit Herrlichkeit, ausgefüllt von der allumfassenden Präsenz der göttlichen Verheißung.

Alles wird auf den Kopf gestellt. Dunkles bleibt dunkel und doch wieder nicht, Angst und Pein bleiben Angst und Pein und doch wieder nicht, Sünder bleibt Sünder und doch wieder nicht, ein Kind ist Mensch und doch wieder nicht nur. Wo Gott ist, bleibt alles, wie es war – und doch wieder nicht. Verstehen, verstehen kann man das nicht. Keine Abhandlung, kein wissenschaftlicher Aufsatz, keine dickleibige Dogmatik, kein frommes Lied und Gebet, ja, auch keine Predigt kann das Wunder fassen – Gott ist unfaßbar. Darüber gilt es zu staunen, das gilt es zu glauben, das gilt es zu loben, dafür gilt es zu danken. Gott ist der gute Hirte, wir sind seine Schafe, und Schafe bleiben wir auch. Aber wir sind Schafe, die er in seinem Arm sammelt und im Bausch seines Gewandes trägt – von unserem Schöpfer sind wir geborgen und bewahrt, und wir können froh und dankbar sein, daß er uns nie fallenlassen wird.

„Die Nacht ist nicht allein zum Schlafen da", heißt es in einem alten Schlager. Was tun in der Nacht, wenn sie kommen, unausweichlich wiederkommen, die Angst und die Pein, dieses Dunkel, diese Stille, dieses gottverlassene Nichts? Loben, danken, staunen, glauben, sich einlassen auf Gottes Verheißung und damit darauf, das Unterste zu oberst zu kehren. Dem Morgenstern, der immer schon da ist, folgen. Wie dieses Lied uns auffordert, von einem Menschen uns allen ins Herz geschrieben, aus der Seele gesprochen, tief empfunden von einem jeden von uns.

Glauben – es ist zum Verrückt-Werden damit. Gott sei Dank! Verrückt-Werden, wegkommen von den eingefahrenen Rastern, unter denen wir stöhnen – wann kann das besser gelingen als jetzt, in dieser Bußzeit, als jetzt, in diesem Advent, als jetzt, in dieser Zeit, die so schwer ist von Hoffnung, so voll von Wehmut und Sehnsucht und Erinnerung, in der die Erlösung liegt, so reich an Liebe, auch wenn man sie auf den ersten Blick kaum wahrnimmt. Gott will im Dunkel wohnen und hat es doch erhellt – Glauben – zum Verrückt-Werden. Jetzt, im Advent, mitten in unserer Nacht, die nicht mehr einfach nur gottverlassenes Nichts ist, sondern in welcher der Morgenstern zu erahnen ist und aufzuleuchten beginnt. Mindestens.

„Die Nacht ist vorgedrungen,
der Tag ist nicht mehr fern.
So sei nun Lob gesungen
dem hellen Morgenstern!
Auch wer zur Nacht geweinet,
der stimme froh mit ein.
Der Morgenstern bescheinet
auch deine Angst und Pein."

Athina Lexutt

„Herr, mach uns stark im Mut, der dich bekennt" (EG 154, 1–5)

Advent

I

Vielleicht wundern Sie sich darüber, daß ich ausgerechnet dieses Lied von Anna Martina Gottschick mit der Melodie von Ralph Vaughan-Williams heute betrachten möchte: Es ist ja kein richtiges Adventslied, sondern steht in unserem Gesangbuch unter der Rubrik „Ende des Kirchenjahres". Es handelt nicht von einem Advent, der „alle Jahre wiederkehrt", sondern von einem „ewigen" Advent.

In Wirklichkeit will die Wahl dieses Liedes nur an eine alte christliche Einsicht erinnern: Auch Advent und Weihnachten haben es zunächst mit der Kreuzigung, der Auferstehung Jesu Christi und dem Ewigen Leben zu tun. Die ältesten Weihnachtspredigten waren eher Passions- und Osterpredigten. Erinnerung und Feier der Christ-Geburt – das ist nicht die ursprünglichste Deutung von Advent und Weihnachten.

Als mich unlängst eine Sieben-Tage-Adventistin kritisch fragte, warum wir „Volkskirchen-Mitglieder" uns dennoch so in Advents- und Weihnachts-Aktivitäten stürzen, habe ich mich deshalb auch ihrer Kritik nicht entziehen können: Dieser „alle Jahre wiederkehrende" Advent Christi ist *tatsächlich* nur ein Präludium, ein

Vorspiel. Er ist eine Erinnerung, die wir brauchen, *damit wir umso größere Hoffnung haben*: nicht nur Hoffnungen auf eine besinnliche Weihnachtszeit, sondern *welt-überschreitende* – und vielleicht sehr unbesinnliche – Hoffnungen.

II

Hier stocke ich schon.

Ich stelle bei einem Blick in unser Gesangbuch fest: Selbstverständlich ist der Satz nicht, den ich zuletzt gesagt habe.

Unser Lied ist ein neues Lied. Es stammt von 1972, und seine (1995 mit einundachtzig Jahren verstorbene) Verfasserin war ein engagiertes Mitglied unserer Volkskirche: Sie war Zeitungsredakteurin und Lektorin in einem evangelischen Verlag. Aber der Ton dieses Liedes ist selten heute. Unsere neuen Lieder handeln wohl von mancherlei Dingen, aber nicht von einem ewigen Advent. Für ältere Lieder war dieser Blick nach vorne selbstverständlich. In P. Gerhardts bekanntem Adventslied „Wie soll ich dich empfangen" heißt es in der letzten Strophe:

> „Er kommt zum Weltgerichte,
> zum Fluch dem, der ihm flucht,
> mit Gnad und süßem Lichte
> dem, der ihn liebt und sucht".

Und dem schließt sich ein sehnsüchtiges „Ach komm, du Gnadensonne" an.

„Ach komm!"

Offensichtlich waren die Hoffnungen früherer Generationen auf einen ewigen Advent stärker. Wir brauchen vielleicht mehr Mut dazu, diese Hoffnung zu haben – geschweige denn, von ihnen zu singen.

Allerdings muß ich zugeben: Dieses Lied *verstört wirklich*.

Schon das Welt- und Menschenbild der Verfasserin beunruhigt. Es mutet zutiefst skeptisch an:

– „Noch tragen wir der Erde Kleid", heißt es in Strophe 4. Die Erde: ein Kleid, das man abstreifen kann? Die Verfasserin sagt: Ja. Und ein schadhaftes, ziemlich zerrissenes Kleid dazu: ein Ort des Irrtums, der Schuld, des Leides. Ich höre Einspruch: Es gibt auf dieser Erde doch auch die leidenschaftliche Suche nach der „Wahrheit", die Aufarbeitung von Schuld und die Bewältigung von Leid!

– Die Erde: ein „Totenfeld", so heißt es in Strophe 2 im Anklang an die gespenstische Vision des Propheten Ezechiel, ein Acker voller klappernder Gebeine. Wieder diese Skepsis! Gibt es nicht manchmal auch erfülltes und geglücktes Leben?

Ich wüßte gerne, ob der Komponist der Melodie dieses Liedes – der große englische Symphoniker Ralph Vaughan-Williams, Pfarrerssohn und überzeugter Sozialist – dieser Weltsicht so zugestimmt hätte. Wo bleibt das Positive, der Glaube an das Gute im Menschen?

Nein, Anna Martina Gottschick sagt lapidar: Diese Welt ist erbärmlich. Und sie wird immer erbärmlich sein – bis an das Ende der Zeit.

III

Aber dieses Lied ist nicht depressiv; es versinkt nicht in seinen eigenen Schatten. Es redet durchaus von etwas anderem, das diesem dunklen Menschen- und Weltbild entgegensteht. Und dieses ganz Andere ist ebenso in dieser Welt vernehmbar:

– Dem Totenfeld steht ein Lebenshauch gegenüber, der durch die klappernden Gebeine weht (Str. 2).
Doch: *Unser Lebenshauch ist das nicht, sondern der Lebenshauch eines anderen.*
– Dem Irrtum, der Schuld, dem Leid steht die Rede von seiner *Freiheit* von Irrtum, Schuld und Leid gegenüber (Str. 4).
Doch: *unsere Freiheit ist das nicht, sondern die Freiheit eines anderen.*
– Den Schatten und Finsternissen dieser Welt steht ein Glanz gegenüber (Str. 2).
Aber dieser Glanz ist wiederum *nicht unser Glanz.*

Es gibt also einen Kontrapunkt für diese Erde in all ihrer Erbärmlichkeit, *aber er ist von außen gesetzt.* Etwas anderes ist – so möchte man mit einem klassischen Theologen unseres Jahrhunderts sagen – wie ein Meteor in diese Welt eingeschlagen: ein Gott, der Israel befreit hat aus der Knechtschaft; ein Gott, der die Augen öffnet wie den Jüngern von Emmaus. Ein Gott, der in die klappernden Totengebeine hineinbläst.

Der Advent ist also schon *angebrochen.* Schon hat der Vorhang vor der Bühne der Ewigkeit begonnen, sich zu heben.

Aber wir sind es nicht, die den Vorhang hochziehen. Den Blick auf die Bühne der Ewigkeit gibt ein anderer frei.

Noch sehe ich es wie in einem Spiegel, wie in einem dunklen Wort. Dann werde ich schauen von Angesicht zu Angesicht.

Ich kann mir vorstellen, daß nicht alle Christen dieses Lied in das Repertoire der Adventslieder aufnehmen möchten.

Advent und Weihnachten: das sind doch Zeiten der Familien, der Liebe, der Geborgenheit. Es sind auch die Zeiten, in denen wir uns ganz besonders bewußt werden, wie vielen Menschen Liebe und Geborgenheit *fehlt*. Es sind die Zeiten unserer Außenseiter. Adventssammlungen stehen an und Weihnachtspaketaktionen. Herzen und Portemonnaie öffnen sich weit.

Aber dieser Text schafft weder Geborgenheit noch ruft er uns dazu auf, anderen Geborgenheit zu verschaffen. Er ist nicht sozial. Kein Blick fällt auf die Menschen am Rande der Gesellschaft – sondern wir werden alle ohne Unterschied der Person *gemeinsam an den Rand der Welt gestellt*. Der Text bleibt nicht stehen bei den Erfahrungen von Gottes Licht und Freiheit in dieser Welt der Gefängnisse und Schatten. Er lenkt unseren Blick weiter – über diese Welt hinaus *mitten ins Angesicht Gottes selbst*. Er konzentriert ihn auf den Punkt, da Gott uns anschaut und wir ihn (Str. 1, 3 und 5).

Wo in dieser Schau Gottes kein Leid noch Geschrei noch Schmerz mehr sein wird, da das Erste vergangen ist (Str. 3).

Doch hier stirbt uns die Sprache weg. Denn wenn – nach jenem Satz Rilkes – schon die *Engel* in ihrer Schönheit schrecklich sind (auch unsere Weihnachtsengel!) und wenn schon sie es nur gelassen verschmähen, uns zu zerstören (auch unsere Sprache!) – wie sollen wir dann erst von einer Schau *Gottes* reden?

Dieser Text scheint für uns also eine ungeheure geistige Anstrengung zu bedeuten. Er lädt uns ein, *ein Geheimnis zu umkreisen* (Str. 3). Etwas Undenkbares will gedacht sein, etwas Unvorstellbares vorgestellt, etwas Unsagbares gesagt.

Etwas Unsagbares sagen?

Wir sollten hier nach dem Vorschlag eines neueren Philosophen vielleicht besser *schweigen,* wenn wir nicht davon reden können. (Wir können uns dieses Geheimnis ja tatsächlich nicht denken und vorstellen.) Aber dieser Vorschlag beunruhigt noch mehr: Denn wenn wir von etwas schweigen müssen – *und zwar grundsätzlich und immer* –, existiert es dann noch? Und wenn wir dann trotzdem davon reden, von einer Schau Gottes und einem ewigen Advent – wäre das dann nicht einfach *unsinnig* oder bestenfalls etwas verstiegene Poesie, die Domäne einiger Virtuosen der Transzendenz?

Doch gesetzt den Fall, wir *vertrauen* diesem Text und lassen uns auf seine Aussagen ein: auch dann bleibt der Text anstrengend – nämlich nunmehr nicht *geistig,* sondern *geistlich* anstrengend.

Einen Sprung in dieses Geheimnis hinein zu tun, auf diese Gottesschau von Angesicht zu Angesicht zu hoffen - das ist ja ein unglaubliches Wagnis.

Es bedeutet: Wir sollen alle unsere freundlichen und geschäftigen Advents- und Weihnachtsriten tatsächlich relativieren und durch sie *hindurchschauen* auf das Ende aller Dinge. Wir sollen hindurchschauen durch all unsere theologischen und philosophischen, soziologischen und physikalischen Reflexionen über den Gang der Welt. Durch unsere sozialen und ethischen Aktionen, durch unsere Besinnlichkeit und Humanität.

Durch alle Reden von einem *Big Bang* und von einem Wärmetod.

Und dabei sollen wir ganz nüchtern *auch dem Ende unseres* eigenen, *ganz persönlichen Denkens und Han-*

delns nicht ausweichen. Wir sollen uns nicht bannen lassen von den Ängsten der Apokalyptiker und von jenen Vorahnungen eigener Todes-Ängste, die bisweilen in uns emporkriechen.

Wir sollen stattdessen auf dieses Ende neugierig sein, da dieses Ende in Wirklichkeit *ein ewiger Anfang* sei.

Wir sollen womöglich noch sagen: „*Ach komm!*"

Es mag ja sein, daß der Apostel Paulus oder P. Gerhardt noch ein solches Selbstverständnis hatten. Für uns dagegen hätte dieses Selbstverständnis vielleicht etwas Übermenschliches, ja, Unmenschliches.

V

Doch wieder zögere ich.

Wenn ich genau in unseren Text hineinschaue, dann muß ich etwas präziser werden. Kann ich davon reden, daß dieser Text uns geistige und geistliche Anstrengungen wirklich *abfordert*?

Auf der Ebene unseres Denkens: Gewiß.

In einer Welt, in der die Rede von der Ewigkeit durch die Rede von einer hoffentlich einigermaßen freundlichen und lange dauernden Zukunft ersetzt wird und Hoffnungen durch wissenschaftliche Prognosen – in einer solchen Welt von einer Schau Gottes, von einem ewigen Advent zu reden: das ist tatsächlich eine Anforderung.

Aber unser Text hat ja noch eine andere Dimension. Es ist ja gar kein „wissenschaftlicher" Text, auch kein „theologischer" Text.

Unser Text ist ein zum Lied *gewordenes Gebet.*

– Er sagt: „Herr, mach uns stark". Es heißt nicht: Wir *sind* stark. *(Wir sind es ja auch gar nicht.)*

– Er sagt: „Herr, gib uns Mut zum Bekennen", Es
heißt nicht: Wir wollen bekennen. *(Denn wer will
das schon gerne: Stellung beziehen zu Dingen, von
denen man eigentlich nicht reden kann!)*
– Er sagt (weiter-gedacht und weiter-gedichtet): Herr,
du hast uns aus Ägypten geführt, aus der Sklaverei.
Du befreist uns von unseren Gefängnissen, unseren
Irrtümern und Verfehlungen. Du öffnest uns die
Augen wie den Jüngern von Emmaus. Du läßt allen
Schmerz und alles Leiden vergehen. Es heißt nicht:
Wir wollen unsere Irrtümer überwinden und endlich leidensfrei werden. *(Versuchen wir das doch
einmal: Wir ersetzen in der Regel einen Irrtum
durch einen anderen und lösen ein Leiden durch ein
anderes ab.)*
– Er sagt: Herr, du läßt uns neugierig sein auf dein
Angesicht.
– Er sagt: Herr, du läßt uns teilhaben an der Melodie
dieses Liedes, an seinem Rhythmus, der sich im
„Halleluja" *plötzlich weitet.* Du stellst uns mitten
hinein in das Präludium des Ewigen Advents.
Sehnsüchtig machst du uns mit ein paar Worten
und ein paar Tönen.

VI

Noch sehe ich es wie in einem Spiegel, wie in einem
dunklen Wort.

Aber wenn das Vollkommene kommt ...

Gustav A. Krieg

Magnificat – Lobgesang der Maria
Lukas 1,46-55*

Christvesper

Am Eingang zur heiligen Nacht, von der gesagt wird, daß in ihr sich die Zeit immer mehr verlangsame, bis sie – in der Mitte der Nacht – vollends zum Stehen kommt, so daß in dieser sich verlangsamenden Zeit beinah eine jede Stunde ihr besonderes, ganz und gar unverwechselbares Gepräge erhält und keine ist wie die andere

(um 5 Uhr ist es ganz anders als um zehn, und die Stunden vor Mitternacht haben eine sehr andere Atmosphäre als die danach, und insbesondere die jetzige ist von der morgigen, blitzenden Stunde des Christfests entfernt durch eine ganze liturgische Nacht)

und wir Lust bekommen, alles und jedes im Lauf dieser Nacht in seiner Besonderheit zu ergreifen und zu erleben:

Eben jetzt, am Eingang und allerersten Anfang der heiligen Nacht wollen wir deswegen nicht alles in einen Topf werfen, um das Fest gleich in einem Aufwasch zu erledigen, kaum daß es begann, sondern, wenn schon das Flüchtige sich verlangsamt, bis es stehen bleibt, so möge das Fest jetzt kommen – und morgen stehn.

* EG 769 (RhW).

I

Das ist ja ein Zeichen von Kultur, auch von weihnachtlicher, daß mit immer feinerer Kunst unterschieden werden kann, und desto ausgesprochener ist eine Kultur, je ausgeprägter die Wahrnehmung von Minimalem. Und so stehen wir jetzt nicht schon im Weihnachtsfest, sondern nur in der Christvesper, erst am Anfang, erst am Eingang zur heiligen Nacht.

Gewiß könnte dieser bloße Abendgesang zu Beginn der Abenddämmerung, die Vesper, deren wir uns an diesem Abend wieder entsinnen, auch geschehen ohne jedes gepredigte Wort, sondern allein durch das Gebet und den Gesang einer Gemeinde, die heute nichts anderes als das Geschenk ihrer Gegenwart bringt. Aber nun seien doch auch die paar Worte gesagt, die genau zu dieser Stunde gehören. Beileibe nicht als Weihnachtspredigt, jetzt, die ist für frische Köpfe: Morgen. Vielmehr erbitte ich, liebe Gemeinde, euer Ohr für das, was nur jetzt gesagt werden kann, aber auch muß.

II

Zeit der Vesper – das darf man laut und kühnlich behaupten: Zeit der Vesper ist in der westlichen Kirche seit alters die Zeit des *Magnificat*. Tausend- und abertausendmal ist es zu dieser Tageszeit erklungen, in tausend und abertausend Fassungen. Ich kann nicht alles aufzählen: Einstimmig, mehrstimmig, einchörig, mehrchörig, als Orgelvariation durch alle Töne hindurch. Kein Meister, groß oder klein, der nicht an der Tradition des Magnificat fortkomponiert hätte. Wir dürfen vermuten, sogar die Lüfte hätten diesen Ge-

sang langsam in sich aufgesogen, und selbst wenn –
bei uns – die Tradition des Magnificat tot und ver-
stummt wäre, so kommt doch noch bei der Christvesper – wenn denn schon „alle Luft/laute ruft" –, aus
ferner Erinnerung das Magnificat daher, der Lobgesang der Maria, in dem Moment, da sie gegrüßt wird
als die Mutter des Herrn.

Heute zudem begegnet das Magnificat als Schluß
einer ganzen Predigtreihe in dieser Kirche, in der
nach neuen und alten Gesängen jetzt offenbar der aller-
älteste im Mittelpunkt steht, zugleich der einzig biblische. Nur: was heißt Gesang? Ausgerechnet beim
Magnificat sind wohl die Noten ausgegangen. Wie soll
man es denn singen?

Es wundert nicht: „Macht hoch die Tür" – dieses
Flaggschiff des neuen Gesangbuchs und Nummero
Eins – muß man nur nennen, und schon ist die Melodie zur Stelle, und diese noch viel schneller als der
fünffache Text. Aber sobald einer tönt: „Meine Seele
erhebt den Herrn", tönt nur er, und alles bleibt
hübsch fein stille, und erheben tut sich nichts, und bis
auf knapp 800 zählen können muß er auch noch, im
neuen Gesangbuch.

Magnificat – ein Lied ohne Töne. Der denkwürdige
Umstand tritt ein, daß wir, ausgerechnet in dem Moment, da wir mit dem Christfest langsam anfangen
wollten, entweder Worte haben, dann keinen Klang,
oder Klang, dann aber keine Worte. So daß dem Lied-
lein ohne Noten auf der anderen Seite aber aufs Haar
entsprechen Lieder ohne Worte – schon recht! Aber
war nicht vom fleischgewordenen Wort die Rede an
Weihnachten? Und soll auch sein!

Aber nicht nur dies, daß das Magnificat sich in keine unserer Melodien fügen will, und wir uns dann halt des übriggebliebenen Textes getrösteten. Sondern alsbald auch der Text selbst klingt fremd-bekannt, bekannt-fremd und will sich in keine unserer Formen des Redens fügen. „Meine Seele erhebt den Herren / und mein Geist freuet sich Gottes, meines Heilandes": Ich bitte, liebe Gemeinde, wer redet so? Ich bitte nicht erst; ich hoffe, daß niemand so redet.

Höchstens vielleicht die eine kleine Ausnahme, daß mir die Seele wohl einmal über die Lippen kommt; aber dann meine ich nicht mich, sondern dich, mein Seelchen und meine Duschjenka! Dagegen ich kenne mich nicht als Seelchen und nie erfahre ich mich als Geist.

Nun – als was kenne denn ich mich? Also, um ehrlich zu sein, ich kenne mich vorzüglich als Ich. Ich bin doch Ich. Oder hätte wenigstens sein sollen ein Ich. Aber das mag noch werden. Denn was sollten wir von einem Menschen, der halbwegs auf der Höhe der Zeit steht, erwarten, als daß er sagen kann „Ich", und daß das Ich alle seine Akte begleite, und seine Unterlassungen auch. Und also Ich-Konsistenz: das wollten wir wohl erwarten.

Nun gut, lassen wir doch so ein ich-konsistentes Ich einmal ans Magnificat heran, lassen wir dieses Ich sagen, was es sagen kann. Müssen wir nicht erwarten, daß dieses Ich jetzt über seine Zähne stößt den Text: „Ich erhebe den Herren." „Ich freue mich Gottes?"

Ihr spürt, liebe Gemeinde, irgendwas stimmt nicht mehr. Aus der Poesie ist Prosa geworden. Was erhoben sein sollte – eben solche hohen Namen wie „mein Herr", „mein Gott und Heiland" –, liegt flach am Boden.

Und ein und dasselbe an sich volle Wort wird entleert bis zur Unkenntlichkeit. Nein: *Ich* ist viel zu wenig. Ein Ich, das singen dürfen können will, ist wie die Eule in der Einöde und wie ein einsamer Vogel auf dem Dache.

Muß ich jetzt noch andeuten, wie der beschriebene Verlust des Magnificat als Klang seine Ursache darin hat, daß wir es auch nicht einmal als bloßen Text bewahren konnten? Wenn wir es aber als Text bewahren, dann auch als Klang, wenn aber als Klang, dann auch als Geschehen von Geist, Seele und Leib, gemäß dem Vers: „mein Leib und Seele freuen sich / in dem lebendigen Gott".

IV

Und nun, liebe Gemeinde, laßt mich, nach all dem Gesagten, noch einmal zurückkehren zum Gang dieser Nacht, die wir die heilige nennen, und die jetzt eben begonnen hat. Vielleicht gelingt es jetzt deutlicher zu sagen, worin der Unterschied besteht zwischen den Stunden auf die Mitternacht hin, und denen von ihr weg.

Es ist ja so – ich muß keine Worte machen –, daß wir zuweilen in Zustände geraten, in denen wir erleben, wie wir von unserem Wort getrennt werden; ja, ich möchte es so beschreiben: in denen unser Wort aus unserem Leib und Seele fortwandert und darüber leiblos, seellos wird, nicht direkt unvernünftig, das schon nicht, aber ohne jeden Hall, ohne leibliche Resonanz, so daß wir mit Recht sagen: Und uns bleibt nur das entseelte Wort. Eine Trauer- und Schmerzzeit, wenn wir den leibhaftigen Ort nicht mehr finden, an den einst nur leicht zu tippen war, und schon entsprang lebendiges Wort. Dann ist Zeit auf Mitternacht hin. Sie wird andauern. Sie wird zunehmen. Bis das letzte Alte ruht.

Aber ich will nun auch den Spruch sagen, an welchem ich hänge. Spruch heiliger Schrift, wenngleich ganz vom Rande her, sogar vom äußersten Rand, und gerade so ein Spruch, der in einer gänzlich unweihnachtlichen Welt das allererste, noch kaum erkennbare Weihnachtliche schildert, daher mitternächtlicher Spruch, aber mit Blick zum heraufkommenden Tag, der lautet:

> „Als alles still war und ruhte
> und eben Mitternacht war,
> fuhr dein allmächtiges Wort vom Himmel herab,
> vom königlichen Thron." *

Und daher: Daß Gott in seiner Menschenfreundlichkeit sein leibhaft gegenwärtiges Wort gewähre, ja daß es komme!, daß er Hoffnung darauf erneut begründe: das ist am Eingang zu diesem Weihnachtsfest unser Wunsch.

---

* Weish. 18, 14–15 a.

Schola (Tonus peregrinus)

Meine Seele erhebt den Herren, /
und mein Geist freuet
   sich Gottes meines Heilandes.

Denn er hat die Niedrigkeit
   seiner Magd angesehen, /
siehe von nun an werden mich selig preisen
   alle Kindeskind.

Gemeinde

Gelobet seist du, Jesu Christ,
daß du Mensch geboren bist
von einer Jungfrau, das ist wahr;
des freuet sich der Engel Schar.
Kyrieleis.

Denn er hat große Dinge an mir getan,
   der da mächtig ist /
und des Name heilig ist.

Des ewgen Vaters einig Kind
jetzt man in der Krippen find't;
in unser armes Fleisch und Blut
verkleidet sich das ewig Gut.
Kyrieleis.

Und seine Barmherzigkeit währet
   immer für und für /
bei denen, die ihn fürchten.

Den aller Welt Kreis nie beschloß,
der liegt in Marien Schoß;
er ist ein Kindlein worden klein,
der alle Ding erhält allein.
Kyrieleis.

Er übet Gewalt mit seinem Arm /
und zerstreuet, die hoffärtig sind
    in ihres Herzens Sinn.

Das ewig Licht geht da herein,
gibt der Welt ein neuen Schein;
es leucht wohl mitten in der Nacht
und uns des Lichtes Kinder macht.
Kyrieleis.

Er stößet die Gewaltigen vom Thron /
und erhebet die Niedrigen.

Der Sohn des Vaters, Gott von Art,
ein Gast in der Welt hier ward
und führt uns aus dem Jammertal,
und macht uns Erben in seim Saal.
Kyrieleis.

Die Hungrigen füllet er mit Gütern /
und lässet die Reichen leer.

Er ist auf Erden kommen arm,
daß er unser sich erbarm
und in dem Himmel mache reich
und seinen lieben Engeln gleich.
Kyrieleis.

Er denket der Barmherzigkeit /
und hilft seinem Diener Israel auf.

Wie er geredet hat unsern Vätern /
Abraham und seinem Samen ewiglich.

Das hat er alles uns getan,
sein groß Lieb zu zeigen an.

Des freu sich alle Christenheit
und dank ihm des in Ewigkeit.
Kyrieleis

> Lob und Preis sei Gott, dem Vater,
>   und dem Sohne /
> und dem Heiligen Geiste.
>
> Wie es war im Anfang, jetzt und immerdar, /
> und von Ewigkeit zu Ewigkeit. Amen.

Günter Bader

„Morgenglanz der Ewigkeit" (EG 450)

Auf dem Weg zu Gottes ewigem Licht

1. „Morgenglanz der Ewigkeit
   Licht vom unerschaffnen Lichte,
   schick uns diese Morgenzeit
   deine Strahlen zu Gesichte
   und vertreib durch deine Macht
   unsre Nacht.

2. Deiner Güte Morgentau
   fall auf unser matt' Gewissen,
   lass' die dürre Lebens-Au
   lauter süßen Trost genießen
   und erquick' uns, deine Schar
   immerdar.

3. Gib, daß deiner Liebe Glut
   unsre kalten Werke töte,
   und erweck' uns Herz und Mut
   bei entstandner Morgenröte,
   daß wir, eh' wir gar vergehn,
   recht aufstehn.

4. Ach, du Aufgang aus der Höh',
   gib, daß auch am Jüngsten Tage
   unser Leib verklärt ersteh'

und, entfernt von aller Plage,
sich auf jener Freudenbahn
freuen kann.

5. Leucht uns selbst in jener Welt,
du verklärte Gnadensonne;
führ' uns durch das Tränenfeld
in das Land der süßen Wonne,
da die Lust, die uns erhöht,
nie vergeht."

I

„Auf dem Wege zu Gottes ewigem Licht" erinnert
und stärkt uns Gottes Zusage als der Morgenglanz
seines Gnadenlichtes. Was in Gottes Natur solch ein
Morgenglanz darstellt, das konnte ich heute morgen
von meinem Hochhausfenster aus sehr gut sehen: Der
ganze Osthimmel war verrammelt mit Wolken, die
Regenwolken werden wollten und es hoffentlich nicht
so bald schaffen werden; zwischen ihnen ein einziger,
kleiner Spalt, und in diesem Spalt ein ganz kleiner
Schimmer von goldenem Rot. In unseren Strophen
finden wir die „Morgenzeit"; aber die „Nacht" muß
erst vertrieben werden, ehe die „Morgenröte" ganz
„entstehen"; wenn wir danach „recht aufstehen", können wir durch sie auf der „dürren Au des Lebens" etwas von dem „Trost" des „Morgentaues" finden und
dann auch durch das „Tränenfeld" hindurch unseren
Weg entschlossen unter die Füße nehmen.

Gedichtet wurde dieses Morgenbild und sicher
auch erlebt vor gut dreihundert Jahren in der jetzt
bayerischen Oberpfalz. Wer sie nicht kennt, kann es
im Lexikon lesen: Da fällt viel mehr Regen, da steigt

viel mehr Nebel als anderswo; und der Ackerboden ist karg, bringt nicht einmal richtig den Hafer. Ein hartes Land, kein leichtes Leben! In der kleinen Residenz Sulzbach-Rosenberg regierte damals ein Pfalzgraf; und sein erster Diener, der Freiherr Christian Knorr von Rosenroth, hat unsere Strophen geschrieben.

Gelernter Theologe war er nicht. Aus einem schlesischen Pfarrhaus allerdings stammte er. Seine Vorfahren hatten den Adel abgelegt. Er konnte auf die Hohe Schule gehen und wählte für sich die Staatswissenschaften. In einer Zeit, die noch nicht so durchparagraphiert war wie unsere heutigen Studienordnungen, konnte er sich zwischen den Fakultäten frei bewegen und hat sich dabei sicher auch in der Theologie umgesehen, wie das damals zur Bildung gehörte. Er ging in Fürstendienst, er machte früh Karriere bei dem Pfalzgrafen der Oberpfalz. Als der katholisch wurde, hielt er seinem evangelisch bleibenden Minister die Treue und erwirkte sogar für ihn beim Kaiser in Wien den Freiherrntitel.

Verantwortlich für das ganze arme Land war Knorr von Rosenroth als Kanzler der Pfalzgrafschaft. Sein Amt fiel in eine schwierige Zeit. Die unzähligen Wunden von dreißig Jahren des Mordens und Brennens waren ja noch nicht verheilt. Die Türken standen zum zweiten Mal vor Wien, der König von Frankreich besetzte Straßburg, und evangelische Vertriebene kamen aus dem Tiroler Defreggental nach Nürnberg. In der armen Oberpfalz versuchte man durch Abbau von Eisenerz aus den Felsen der Berge zu ein wenig Industrie zu kommen. Verständlich, daß in solchen Zeiten ein vielseitig beanspruchter Mann doch auch einmal Stunden braucht, in der er sich vom beständigen Weiterdenken an seinen Berufsproblemen vorübergehend freihalten kann. Das gelang ihm, wie so manchem beschäftigen Menschen heute, anscheinend dadurch, daß er sich stundenweise auch einmal etwas ganz anderes vornahm als das, was er von Amts wegen tun mußte. Wahrscheinlich kam er auf diese Weise zu der Heraugabe und Kommentierung der spätjüdischen Kabbala; und davon blieb bei seinem Namen ja auch bis heute noch eine Halbzeile in den Fachlexika. Aber lebendig geblieben ist er sicherlich uns allen als Mensch durch sein Lied. 1684 erschien aus seiner Feder ein kleines Büchlein „Neuer Helicon", das ist der Musenberg. Darin zeigte sich, daß der geborene Schlesier immer noch zu einem schlesischen Dichterkreis in seiner Heimat Verbindung hielt. Das Bändchen enthielt etwa dreißig geistliche Lieder, und eines davon haben wir eben gesungen.

II

Unser Lied vom „Morgenglanz der Ewigkeit" ist eine biblische Meditation. Sie zeichnet sich vor sehr vielen anderen Liedern dadurch aus, daß die Dichte und Klarheit der Gedanken in jedem Wort mit Händen zu greifen ist. Die Strophen stecken so voll von biblischen Zitaten und Anspielungen, daß Sie sich mit der Konkordanz in der einen und dem Gesangbuch in der anderen Hand stundenlang damit beschäftigen können, die biblischen Zitate und Anspielungen zu entdecken, welche der Dichter von seinem persönlichen Bibelstudium her in seine Dichtung eingebracht hat.

Der Bogen seiner Gedanken spannt sich von dem Erinnern an die Schöpfung bis hin zu dem Glanz des

Neuen Jerusalem, wo Gott die Sonne nicht mehr braucht, weil er selber leuchten wird in einer neuen Welt. Ein Wort, ein auffälliges Wort macht uns dabei unwiderleglich deutlich, daß wir es hier nicht mit einem Vorglanz der aufgeklärten Vernunft, mit der Sonne der Menschlichkeit zu tun haben, wie wir sie jetzt wieder in einer Aufführung von Mozarts Zauberflöte erleben können. Das neue Evangelische Gesangbuch spricht jetzt vom „unerschaffenen Lichte". Dieses Wort erinnert zwar an die Schöpfung, aber es steckt noch etwas mehr dahinter. Wir Evangelischen hören und beten an Festtagen das altkirchliche Nicänische Glaubensbekenntnis; und darin heißt es „Jesus Christus ... Licht vom Licht, wahrer Gott vom wahren Gott, gezeugt nicht geschaffen." Ob das wohl eine Erinnerung daran war, daß unser Hofminister ja auch an katholischen feierlichen Hochämtern an der Seite seines Landesherren teilnehmen mußte? Dann hörte er dort auch diese Worte eines Glaubensbekenntnisses, das die Katholiken bis heute im sonntäglichen Gottesdienst bewahrt haben.

Biblische Bildrede ist aber nicht nur das „Licht", dieses biblische Ursymbol; sondern noch ein zweites biblisches Grundmotiv kündigt sich hier an. Es wird nicht als Wort genannt, aber es steckt mit darin, daß wir „recht aufstehen" wollen: wir suchen einen Weg und wir richten unsere Bitten an die „Gnadensonne". Denn unser Weg soll durch das „Tränenfeld" führen, bis wir in der „Morgenröte" des „jüngsten", des letzten Sonnentages auf „jener Freudenbahn" an Gottes ewigem Licht uns freuen wollen. Im Gleichnis des Weges verkündet auch unser Herr sich selbst: „ICH bin der Weg". Der Weg bedeutet den zweiten Brennpunkt in der Ellipse: Gottes Sohn sendet Gottes Licht auf unseren Weg zu ihm hin.

Eine andere Besonderheit unseres Textes ist, dichterisch und theologisch zugleich bewegend, seine sprachliche Grundstruktur. Auch durch sie will er uns ganz eindringlich etwas Wichtiges sagen. Sehen Sie sich nur einmal an: dreißig Zeilen, zehn Sätze, jeder Satz eine Bitte! „Gib, gib, vertreib, erquick, erweck, ersteh"! Und dann zum Schluß: „führe, leuchte". Damit ist viel ausgesagt darüber, was die Summe unserer christlichen Existenz ist. Vergleichen Sie das einmal mit manchen anderen, auch evangelischen Liedern, die wortreich von Gefühlen, von Befindlichkeiten, von Hoffnungen und Belastungen reden. Gleich das nächste Lied in unserem Evangelischen Kirchengesangbuch beginnt zum Beispiel: *Mein* erst *Gefühl* sei Preis und Dank ..." So kommen uns wohl fromme Gefühle in einer Morgenstunde, aber sie können doch immer nur das Zweite sein. Hier, in unserem Lied weiß einer, daß christliche Existenz bittende, auf Gnade angewiesene, „ex-zentrische Existenz" ist und immer bleiben wird. Ein paar Tage nach dem Reformationsfest haben Sie vielleicht noch von einer anderen Predigt her im Ohr, daß auf Luthers letztem Predigtnotizzettel gestanden hat: „Wir sind Bettler, das ist wahr!". Und die beiden großen Konfessionen, die sich zu Zeiten Knorrs von Rosenroths noch in einem unsicheren Waffenstillstand gegenüber lagerten, haben vor zehn Jahren in einer gemeinsamen ökumenischen Kommission eine Einigkeit in der Rechtfertigungslehre beschlossen und formuliert; die deutsche katholische Bischofskonferenz hat sie ebenso anerkannt wie die Evangelische Kirche in Deutschland mit ihren Landeskirchen, natürlich warten wir noch auf die letzte Unterschrift aus Rom. Aber jedenfalls konnten jetzt evangelische und katholische Theologen gemeinsam sagen, was ich wörtlich zitiere, nämlich „daß der Mensch sich die Gnade Gottes voll und ganz nur schenken lassen kann." Dies hat auch Knorr von Rosenheim gewußt und das hat er, vielleicht mit Blick auf seinen Pfalzgrafen taktvoll, aber für sich und auch für uns Spätere deutlich genug zur Achse seines Liedes gemacht.

IV

Und noch ein letztes fällt uns auf: Dieses Lied hier ist aber ein „Wir-Lied". Sehen Sie einmal: in zehn Sätzen geht es immer nur um „Uns, unser, wir". Und einmal wird auch gesagt, wer „wir" sind, nämlich „Seine Schar". Selbst ganz große Gesangbuchdichter reden in unserem Gesangbuch von ihrem „Ich". Und es macht ja auch Sinn, sein eigenes Ich auch im Glauben nicht zu vergessen, sondern ihm ehrlich in die Augen zu sehen. Hier aber zeigt sich der Kern christlicher Existenz: Daß wir nie allein zu sein brauchen und nie allein sein können, daß wir rechts und links von uns und vor uns und hinter uns andere haben. Die helfen uns, die machen uns zu Zeiten auch Not; aber sie können und sollen mit uns zusammen gehen, in eine Grundrichtung gehen, auf Gottes Morgenrot zu.

Hier könnte ich natürlich, wie das in neun von zehn gehaltenen evangelischen Predigten heute geschieht, auf gegenwartsnahe sozialethische Beispiele kommen. Zum Glück habe ich für diesmal ein anderes Beispiel, nämlich die Geschichte dieses Liedes. Dieses Lied ist auch dadurch ein „Wir-Lied", daß es zeigt, wie wir im Gottesdienst der christlichen Kirche keinen persönlichen Besitz und kein Urheberrecht gegeneinander geltend machen müssen. Wir stehen ja in einer gemeinsamen Arbeit, wo jeder das Beste für den gemeinsamen Auftrag sucht. Knorr von Rosenroth zum Beispiel hat eine Vorlage gehabt; Martin Opitz hatte ein Menschenalter zuvor auch einmal ein Morgenlied geschrieben, das die Sonne und den Glauben miteinander in Verbindung brachte. Die ersten Zeilen zu vergleichen, zeigt aber schon, daß Knorr von Rosenroth soviel neu eingebracht hat an Vertiefung dessen, was hier zu sagen war, daß wir Martin Opitz danken können, ohne ihn mit seiner Fassung noch einmal hören zu müssen. Dafür hat aber Knorr von Rosenroth sich selbst korrigiert sehen müssen. Sein Lied hatte einmal sechs Strophen, und die jetzt fehlende zweite Strophe handelt von „Adams Apfelbiß" als der Ursache „unserer Nacht". Das war damals für dogmatisch korrekt denkende Hörer vielleicht notwendig; wir Heutigen freuen uns mehr über die Geschlossenheit, die unser Text gerade dadurch gewonnen hat, daß er nun mit strenger Klarheit bei seiner Lichtsymbolik bleibt und auf davon ablenkende orthodoxe Erklärungen verzichtet.

Unser Dichter war auch Komponist; im „neuen Helicon" stand eine eigene Melodie zu diesem Lied. Kein Mensch, auch wir nicht, singt diese Melodie heute noch. Die jetzt gesungene Melodie stammt von dem thüringischen Kantor Johann Rudolf Ahle. Von ihm haben sich noch einige andere Melodien bis heute gehalten. Ein Beispiel dafür, daß dieser Organist seinen Auftrag gut verstand, ist seine Melodie zu dem Lied „Liebster Jesus, wir sind hier", wo man ja fast die Kinder in ihrem Kindergottesdienst hineintrappeln hört. Und zu unserem Lied gibt seine Melodie so gut diese Stimmung des dämmernden Morgens und seiner Hoffnung auf ein Morgenrot wieder, als ob der Komponist diese Melodie gerade für unser Lied geschaffen hätte.

Als Schlußbemerkung: Unser Lied steht im katholischen „Gotteslob" von 1975, aber etwas anders, als wir es kennen. Die erste Strophe zwar in ihrer Geschlossenheit, die bis zum jüngsten Tag wohl niemand wird verändern können, ist die gleiche. Drei andere Strophen sind Variationen über Knorr von Rosenroth von einer katholischen Tiroler Dichterin, Marie Luise Thurmair. Das Interessante dabei ist: wenn Sie unser neues Evangelisches Gesangbuch in die Hand nehmen, werden Sie auch dort diese Dame wiederfinden, weil sie nämlich auch zu unserem Evangelischen Gesangbuch – und zwar seinem Stammteil – mehrere Lieder beigetragen hat. Deswegen können wir dieses Geschehen als ein Stück ökumenischen Gebens und Nehmes ansehen. Ich denke mir, daß sich Frau Thurmair 1969 gesagt hat: „Knorr von Rosenroth hatte zwar recht damit, was er in seiner so biblisch gesättigten Sprache ausdrückte; aber ob das meine Kinder heute auch noch verstehen? Ich will es anders ausdrücken, vielleicht kommen sie dann später einmal und fragen: Und wie hat das früher geheißen? Dann kann ich ihnen den alten Text nicht nur zeigen, sondern auch aus der Bibel erklären.

Ihre drei Strophen sollen nun auch zur Predigt unser Schlußgebet werden:

> „Such' uns heim mit deiner Kraft
> o du Aufgang aus der Höhe,
> daß der Sünde bittre Haft
> und des Zweifels Not vergehe.
> Gib uns Trost und Zuversicht
> durch dein Licht.

Birg in deiner treuen Hut
alle, die den Tag erleben;
schenke den Verzagten Mut,
daß sie sich gestärkt erheben,
deinem Licht entgegenschau'n
und vertrau'n.

Licht, das keinen Abend kennt,
leucht uns, bis der Tag sich neiget.
Christus, wenn der Himmel brennt
und dein Zeichen groß aufsteiget,
führ' uns heim aus dem Gericht
in dein Licht".

Gotteslob Nr. 668

Albert Stein

Das reiche Mahl der Gnaden (EG 222)

Wir haben dieses Wintersemester mit Liedpredigten begonnen und wollen es heute mit einer Liedpredigt schließen. Es geht um das Lied, das wir gerade gesungen haben: „Im Frieden dein, o Herre mein, laß ziehn mich meine Straßen ..." (EG 222). Es stammt von dem großen Hymnologen am Ausgang des 19. Jahrhunderts, Friedrich Spitta. Einst Privatdozent für Neues Testament und Praktische Theologie in Bonn, zugleich Pfarrer in der ev. Gemeinde Oberkassel. Seit 1887 Professor in Straßburg und seit 1919 nach dem verlorenen Ersten Weltkrieg Professor in Göttingen. Wie schon in Bonn, so förderte er in Straßburg die Liturgie und die Kirchenmusik. 1898 dichtete er das Lied, über das wir heute zum Semesterschluß nachdenken wollen. In seiner ersten Strophe greift es eine deutsche Fassung des Lobgesanges Simeons im 2. Kapitel des Lukas-Evangeliums auf, wie sie um 1530 in Straßburg der dortige Prediger am Straßburger Münster, Johann Englisch, gedichtet hatte. Es geht um eine frühneuhochdeutsche Fassung des berühmten NUNC DIMITTIS, um den Lobgesang des Simeon, jenes Frommen und Gerechten, der zur Zeit Jesu auf Tröstung Israels wartete. Er hatte die Verheißung empfangen, daß er den Tod nicht sehen würde, bevor er den Messias des Herrn gesehen hätte. Er schließt im jüdischen Tempel das Jesuskind in seine Arme und lobt Gott mit den Worten:

„Herr, nun lässest du deinen Diener im Frieden fahren, wie du gesagt hast ..., denn meine Augen haben deinen Heiland gesehen" (Lk 2,29)

Simeon, der sein ganzes Leben auf die Erfüllung der Hoffnung Israels gewartet hatte, wird gewürdigt, das Jesuskind in seine Arme zu schließen, in dem das Heil Gottes nicht nur für Israel, sondern auch für die Heiden erschienen ist. Sein ganzes Leben hatte Simeon gewartet. Warten können zeichnete ihn und die jüdischen Frommen um ihn herum aus. Warten auf die Erfüllung der Hoffnung Gottes in kritischer Distanz zu jedem menschlichen Messianismus und dessen Vergewaltigung der Geschichte und des menschlichen Lebens. Denn welcher Mensch dürfte von sich behaupten, daß in ihm die große Stunde gekommen, daß in ihm die Erfüllung der Geschichte geschehen sei. Gründet nicht die große Krise der säkularisierten Messianismen auch unserer Zeit darin, daß sie selbst die Erfüllung der Geschichte in die Hand genommen haben? Und wird so nicht das, was der Erfüllung der Träume der Menschen dienen sollte, zum Alptraum, zur Krise? Denn diejenigen, die das Reich der Freiheit eigenmächtig auf Erden errichten wollten, endeten im Chaos.

Wie wohltuend verhält sich da doch der jüdische Fromme, der auf die göttliche Erfüllung der Geschichte wartet und für den die Zukunft nicht eigenmächtig verplant, sondern offen ist. Er sieht deshalb auch realistisch das Elend und die Not der Welt und verdrängt sie nicht, sondern wartet inmitten der Nöte dieser Welt auf die Tröstung Israels. Und so sehr auch ihm das Prinzip Hoffnung sympathisch ist, so wenig tauscht er doch dessen Dialektik ein mit seinem Glauben, seiner Erwartung, die bis heute die frommen Juden auszeichnen. Doch da gab es auch jenen jüdischen Frommen und Gerechten, Simeon, von dem es bei Lk heißt: „Er war gottesfürchtig und wartete auf den Trost Israels, und der heilige Geist war in ihm … (und er) nahm" das Jesuskind „auf seine Arme und lobte Gott und sprach: Herr, nun lässest du deinen Diener in Frieden fahren, wie du gesagt hast; denn meine Augen haben deinen Heiland gesehen …" (Lk 2,25-30) Da gab es also nicht nur die Hirten auf dem Felde, die heilige Familie, die Weisen aus dem Morgenland, die gewürdigt wurden, den Heiland Gottes zu sehen, sondern auch den frommen Juden Simeon. Er lobte Gott und weiß sich geborgen von dem Frieden, der Juden wie Heiden umfängt und sie nicht mehr sterben läßt im Warteraum der Zukunft; der in dem Kind von Bethlehem die Hoffnung mit sich bringt, die in der nahe herbeigekommenen Gottesherrschaft gründet. So haben auch wir in der Weihnachts- und Epiphaniszeit gesungen: „Das ewig Licht geht da herein, gibt der Welt ein' neuen Schein. Es leucht' wohl mitten in der Nacht, und uns des Lichtes Kinder macht." Das Licht Gottes leuchtet mitten in der Nacht. Auch für Simeon, aber über seinem Leben scheint ein neuer Glanz, ein Friede, der ihn umfängt und trägt. Auch für ihn gilt noch jener lapidare Satz aus dem 90. Psalm: „Unser Leben währet siebzig Jahre, und wenn's köstlich gewesen ist, so ist es Mühe und Arbeit gewesen; denn es fähret schnell dahin, als flögen wir davon" (Ps 90,10). Doch gegen die rinnende Zeit setzt Simeon sein NUNC DIMITTIS: „Herr, nun lässest du deinen Diener in Frieden fahren …, denn meine Augen haben deinen Heiland gesehen." Auch er sieht realistisch auf das Elend und Leiden dieser Welt, aber sein Warten und sein Hoffen sind nicht mehr unerfülltes Warten und Hoffen, sondern erfülltes. Denn seine prophetisch erleuchteten Augen haben den Heiland Gottes gesehen. Das ist ihm genug. Und so preist er den Schalom Gottes, der ihn in Zeit und Ewigkeit umfängt und Geborgenheit schenkt. Da wandelt sich die Klage im Warteraum der Zukunft in das Lob dessen, der den Heiland Gottes gesehen hat. Für ihn ist in dem Kind von Bethlehem das Geheimnis der Liebe Gottes erschienen. Diese umfängt und trägt seine Ohnmacht, die das Kind mit ihm teilt. Martin Luther beschreibt Simeon deshalb auch ausdrücklich als „Prediger und Liebhaber des Kreuzes und Feind der Welt". Nach Sören Kierkegaard geht es in diesem Zusammenhang darum, daß der Mensch es verstünde, „sich in Wahrheit zu dem zu machen, was er in Wahrheit ist, zu Nichts … denn es ist nur Eines, welches in Wahrheit der Bewunderung ewiger Gegenstand ist, nämlich Gott, und nur Eines, welches die Bewunderung zu hindern vermag, nämlich der Mensch, wenn er selber etwas sein will" (Erbauliche Reden. Übers. von E. Hirsch, Düsseldorf 1956, S. 149). Es ist der Friede Gottes, der alles andere ist, als die Gewaltsamkeit menschlichen Messianismus, es ist der Friede, in den wir jetzt schon mit Simeon immer wieder eintreten dürfen inmitten der Friedlosigkeit, Angefochtenheit und Dunkelheit unseres Lebens. Von diesem Frieden singt der Spittasche Hymnus mit den Worten:

„Im Frieden dein, o Herre mein, laß ziehn mich meine Straße."

Eine Straße mitten in den Straßen der Welt, den Straßen der Verfolgten und Elenden, den Straßen, die mitten in aller Lebendigkeit und im Trubel menschlichen Lebens plötzlich leer und kalt werden, ohne Licht und Wärme, ohne Ziel und Sinn. Und wer kennt nicht die Unheimlichkeit leerer Straßen, wenn die Leere und Anonymität Raum gewinnt. Jene asphaltierten Straßen, die jedes Leben zu ersticken drohen. Straßen, auf denen Menschen Menschen mit Gewalt verfolgen und niederschlagen. Straßen, auf denen Flüchtlingstrecks in sinnlosen Kolonnen ziehen. Auch dem Kind von Bethlehem blieben diese Straßen nicht erspart, und doch leuchtet in ihm über den Straßen dieser Welt ein Glanz, der aus friedlosen und verstörten Menschen solche machen will, die ihre Straßen im Frieden Gottes ziehen. Aus angefochtenen werden getröstete, aus unglücklichen werden versöhnte Menschen. So gibt es auf den Straßen dieser Welt nicht nur Klage- und Protestlieder, sondern auch Lieder der Hoffnung und des Friedens. Zu den Sängern dieser Lieder gehört auch der Dichter unseres Predigtliedes, wenn er singt:

„Wie mir dein Mund gegeben kund,
schenkst Gnade du ohne Maßen,
hast mein Gesicht das selge Licht,
den Heiland schauen lassen."

Gnade – das ist die Achtung, die dem Menschen von Gott widerfährt. Gott achtet den Menschen. Er achtet ihn hoch, indem er in dem Krippenkind zum Menschen kommt, um ihn, den Niedrigen und Ohnmächtigen zu erhöhen. „Er wird ein Knecht und ich ein Herr; das mag ein Wechsel sein!" Gnade – das ist Akzeptanz, an der letztlich alles hängt. So gilt schon für das tägliche Leben, daß wir ohne Akzeptanz nicht leben können. Kinder entwickeln sich schlecht, wenn sie von ihren Eltern nicht akzeptiert werden. Ausländer fühlen sich in unserer Gesellschaft heimatlos und ausgestoßen, wenn sie nicht ein noch so geringes Zeichen von Akzeptanz erfahren. Und wie leer wird das Leben alter Menschen, wenn sie nicht mehr akzeptiert werden von den jungen. Und was so schon von unserem Alltag gilt, das gilt erst recht von unserem Leben im ganzen, wenn es nicht letztlich geborgen und akzeptiert ist. Simeon weiß sich durch den Frieden Gottes akzeptiert. Das macht ihn heiter und gelassen. Ihm wird der berühmt-berüchtigte Rest des Lebens, den unsere heutige Leistungsgesellschaft nur allzu gern verdrängt, zu einem erfüllten Leben, weil er den Heiland Gottes mit den Augen des Glaubens gesehen hat, der seine Angst vor der Zukunft und die Last, seines Alters umfängt und trägt. „Unser Leben fähret schnell, als flögen wir davon." Simeon verläßt den Wartesaal einer unerfüllten Zukunft und wendet sich dem Frieden zu, der in dem Jesus-Kind gekommen ist und kommt, und spricht: „Nun läßt Du mich in Frieden fahren …"

II

Aber schließt das NUNC DIMITTIS Simeons auch uns ein? Ja, sind wir bei aller historischen Ferne nicht doch in einem elementaren Sinn Zeitgenossen Simeons, weil auch unsere Zeit verrinnt und wir dahinfahren, als flögen wir davon?

Das Lied, über das wir in unserer heutigen Predigt meditieren, erinnert sich nicht nur des alten Simeon, sondern macht uns mit ihm und dem Frieden Gottes gleichzeitig, indem es uns als Gäste auf dieser Erde beschreibt und zugleich in das Heil einlädt, das sich im Herrenmahl unter uns repräsentiert:

„Mir armem Gast bereitet hast,
das reiche Mahl der Gnaden.
Das Lebensbrot stillt Hungers Not,
heilt meiner Seele Schaden.
Ob solchem Gut jauchzt Sinn und Mut,
mit alln, die Du geladen."

Auch wir sind arme Gäste auf Erden. Reisende mit mehr oder weniger großem Gepäck, mit überflüssigen Taschen und Koffern. Und doch müssen wir nicht blind und ohne Ziel reisen. Es gibt eine Einladung, die aus ziellosen Reisenden erwartungsfrohe Reisende, aus armen Gästen auf dieser Erde reiche und beschenkte Gäste machen will. „Ob solchem Gut jauchzt Sinn und Mut, mit alln, die du geladen." Wir sind eingeladen zum Fest Gottes unter uns, zum reichen Mahl der Gnaden, in dem Gott uns armen Gästen auf Erden das Mysterium seiner Liebe zuwendet, in dem er uns das Lebensbrot schenkt, das unseren Hunger stillt und die Schäden unserer Seele heilt. Denn ist Gott für uns, wer mag wider uns sein? „Alles vergehet, Gott aber stehet, ohn' alles Wanken, seine Gedanken, sein Wort und Wille hat ewigen Grund. Sein Heil und Gnaden, die nehmen nicht Schaden, heilen im Herzen die tödlichen Schmerzen, halten uns zeitlich und ewig gesund" (EG 449,8). Vielleicht hat Spitta an diesen Vers gedacht, wenn er von dem Lebensbrot spricht, das unseren Hunger stillt und die Schäden unserer Seele heilt. Denn wir nehmen Schaden an unserer Seele, wenn wir auf der Reise durch das Leben uns selbst verlieren, weil unserem Leben

Geborgenheit und Akzeptanz fehlen, die uns gelassen und heiter machen. Solche Geborgenheit und Akzeptanz will uns Gott im Herrenmahl schenken und uns angefochtene und beschädigte Menschen heimholen in seinen Frieden, der unserer Friedlosigkeit und inneren Leere immer wieder neu mächtig werden will.

Wo wir aber aus diesem Frieden leben, da richten wir den Blick auch auf den Nächsten und nach außen. Und so heißt es in der dritten Strophe des Predigtliedes:

> „O Herr, verleih, daß Lieb und Treu
> in dir uns all verbinden,
> daß Hand und Mund zu jeder Stund
> dein Freundlichkeit verkünden,
> bis nach der Zeit den Platz bereit'
> an deinem Tisch wir finden."

So bittet diese Strophe darum, daß die Liebe und Treue dessen, der in den Gaben des Abendmahls selbst zu uns kommt, uns in seine unsichtbare Gemeinschaft mit sich aufnimmt, in eine Gemeinschaft, die zugleich Zeichen setzt inmitten unserer empirischen Gemeinschaften, Zeichen der Solidarität und Gerechtigkeit. Denn wer könnte letztlich seinen Bruder hassen und verachten, dem die gleiche Freundlichkeit Gottes gilt wie uns? Eine Freundlichkeit, die nicht nur durch unseren Mund, sondern auch durch unsere Hände Raum und Gestalt finden will. So gehört zum Glauben die Liebe, zur Predigt der Kirche die Diakonie, zur Hoffnung die Tat der Freundlichkeit, die unser Leben menschlicher und erträglicher machen will. Vielleicht würde unsere Leistungsgesellschaft weniger hektisch und lieblos sein, wenn sie nicht vorschnell bereit wäre, die Grenzen menschlicher Solidargemeinschaft immer weiter hinauszuschieben. Doch dazu bedarf es der Kraft nüchternen und positiven Denkens, das nicht resigniert, sondern aus der Hoffnung lebt, die über das tägliche Brot hinaus mit der dritten Strophe unseres Predigtliedes bittet: „O Herr, verleih, daß Lieb und Treu in dir uns all verbinden ..." Menschen, die aus der Treue und Freundlichkeit Gottes leben, können verläßlich und freundlich auch gegenüber den Anderen sein. Denn es ist lebenswichtig, daß wir in einer immer wieder kalten und unfreundlichen Gesellschaft Zeichen der Freundlichkeit Gottes setzen. Kommen wir auch nicht dazu, große und radikale Veränderungen unseres Lebens zu vollbringen, so können wir doch in unserem Alltag versuchen, Freunde fürs Leben zu sein, Freunde, die dem Anderen beistehen und ihn nicht allein lassen. Wir können nicht die Welt verändern, wir können aber verantwortliche und verläßliche Zeichen der Freundlichkeit Gottes unter uns aufrichten, „bis nach der Zeit den Platz bereit' an deinem Tisch wir finden." So reichen die Gaben der Freundlichkeit Gottes im Herrenmahl hinein in unsere Gegenwart und über sie hinaus bis in die Zukunft Gottes. Der Tisch, der uns jetzt schon im Herrenmahl gedeckt ist, ist der gleiche Tisch, den wir nach der Zeit für uns bereitet finden. So wirkt der Friede des Herrenmahls schon mitten hinein in die Zeit und ist uns auch dann bereitet, wenn die Zeit und wir mit ihr vergehen. Es ist der ewige Friede Gottes, der uns mit Simeon einladen will zum Nunc Dimittis, weil er der nichtenden Macht der Zeit mächtig ist und uns schon jetzt mitten in der Zeit, dann aber ohne Ende am großen Festmahl Gottes teilhaben läßt.

Karl-Heinz zur Mühlen

Die Hoffnung auf die Kraft
des Gottesgeistes

„Zieh ein zu deinen Toren" (EG 133)

Vor der Predigt singt die Gemeinde das Pfingstlied
EG 133,1–7

1. „Zieh ein zu deinen Toren,
   sei meines Herzens Gast,
   der du, da ich geboren,
   mich neu geboren hast,
   o hochgeliebter Geist
   des Vaters und des Sohnes,
   mit beiden gleichen Thrones,
   mit beiden gleich gepreist.

   ...

7. Du bist ein Geist der Liebe,
   ein Freund der Freundlichkeit,
   willst nicht, daß uns betrübe
   Zorn, Zank, Haß, Neid und Streit.
   Der Feindschaft bist du feind,
   willst, daß durch Liebesflammen
   sich wieder tun zusammen,
   die voller Zwietracht sind."

Mit einem Liederdichter wollen wir heute ins Gespräch kommen. Seine Lieder wurden und werden oft gesungen. Auf dem ausgeteilten Gottesdienstblatt finden Sie den Abdruck seiner Porträt-Büste. Ein eckiger Kopf. Kein Wendehals. Wem gehört dieser kantige Kopf?

Er gehört Paul Gerhardt, der neben Martin Luther der bevorzugte Liederdichter des evangelischen Kirchengesangbuches wurde. Geboren wurde er wahrscheinlich am 12. März 1607 in dem kleinen Städtchen Gräfenheinichen, in der Nähe von Wittenberg. Dieser Ort hat im 30jährigen Krieg sehr unter den Kriegseinwirkungen gelitten. Die Kirchenbücher verbrannten. Als ich mir den Ort 1980 auf der Fahrt nach Wittenberg einmal angesehen habe, machte er auch damals keinen wohlhabenden Eindruck. Der Vater Christian Gerhardt hinterließ jedoch nach seinem frühen Tode ein bescheidenes Vermögen, so daß die beiden Söhne Christian und Paul ab 1620 bzw. 1622 auf die Fürstenschule in Grimma gehen konnten, die der Kurfürst Moritz von Sachsen für den Pfarrer- und Beamtennachwuchs gegründet hatte. Dort herrschte eine strenge Ausbildung. Nur einmal im Jahr gab es zwei Wochen Ferien für eine Heimfahrt. Die Schüler wuchsen mehrsprachig auf. In den Unterrichtsstunden wurde auch die lateinische Sprache gepflegt. Das antik-humanistische Erbe bestimmte diese Schule ebenso wie das biblisch-reformatorische Christentum. Neben dem Unterricht prägten die Andachten und die Gottesdienste das Leben in der Schule, verbunden mit einer reichen musikalischen Praxis, z. B. durch den Chor der Schule, in dem auch Paul Gerhardt mitgesungen hat. Nur ein gemeinsamer Spaziergang pro Woche in den nahegelegenen Wald war vorgesehen. Diskussionen über die wöchentliche Arbeitszeit gab es damals noch nicht.

1628 begann Paul Gerhardt mit dem Studium in Wittenberg. Seit Mitte der dreißiger Jahre verdiente er sich dort auch das Geld als Hauslehrer der Familie des 1. Pfarrers der Wittenberger Stadtkirche, der den Namen August Fleischhauer hatte. Paul Gerhardt studierte in Wittenberg Theologie, aber auch Rhetorik und Poetik. Er lernte die literarischen Kunstregeln der Zeit; auch den volksliedhaften Stil, der seine Lieder so gut singbar gemacht hat, daß sie zum geistlichen Lied der Deutschen, auch über die Konfessionsgrenzen hinaus, wurden. Wir denken ebenfalls an die Lieder von Paul Gerhardt in den Passionsmusiken und im Weihnachtsoratorium von Johann Sebastian Bach.

Ungefähr 1642, im Alter von 35 Jahren, ging Paul Gerhardt nach Berlin. Er arbeitete als Hauslehrer des Berliner Kammergerichtsadvokaten Berthold. 1655 heiratete er dessen Tochter. Er lernte in Berlin vor allem Johann Crüger, den bekannten Komponisten, kennen, der dort Kirchenmusikdirektor war. Die beiden bildeten eine erfolgreiche Arbeitsgemeinschaft. – Seine erste Pfarrstelle erhielt Paul Gerhardt im Alter von 44 Jahren 1651 in Mittenwalde bei Berlin. Das war ein Städtchen, das im 30jährigen Krieg sehr zerstört worden war. – Paul Gerhardt lernte aber die Sorgen und Nöte der Menschen auch persönlich kennen. Von seinen fünf Kindern überlebte nur der Sohn Friedrich die Eltern. „Wenig und böse ist die Zeit meines Lebens" schrieb er, zusammen mit seiner Frau, auf die Gedenktafel der sehr früh verstorbenen ersten Tochter. Das Trostlied „Befiehl du deine Wege und was dein Herze kränkt" ist auch aus solchen Erfahrungen heraus entstanden. – 1657, im Alter von 50 Jahren, wurde Paul Gerhardt Pfarrer an der Berliner Nicolai-Kirche, die seit ihrem Wiederaufbau vor einigen Jahren als Museum genutzt wird. Dort arbeitete Paul Gerhardt weiterhin mit Johann Crüger zusammen, bis er 1666 amtsenthoben wurde. Der Große Kurfürst hatte ein Toleranzedikt erlassen, welches die gegenseitige Auseinandersetzung zwischen den Lutheranern und Reformierten untersagte. Paul Gerhardt, der zwar kein radikaler Kritiker der reformierten Lehre war, verstand dieses Edikt als Eingriff in die Gewissensfreiheit und leistete Widerstand. Er verweigerte aus Gewissensgründen die zustimmende Unterschrift unter dieses Edikt. Obwohl der Rat der Stadt Berlin sich für ihn einsetzte, mußte er gehen und übernahm 1668 ein Pfarramt in Lübben im Spreewald. Dieser Ort lag in Kursachsen, außerhalb des Machtbereichs des Großen Kurfürsten. Dort starb Paul Gerhardt im Jahre 1676.

II

Paul Gerhardt, der eckige Kopf, den ich eben ein wenig vorgestellt habe, ist uns heute fern und nah zugleich. Fern: weil wir in einer Zeit leben, in der z.B. die Reformierten und Lutheraner enger miteinander verbunden sind, zumal in dieser Schloßkirche, deren Gottesdienste von Anfang an von der friedlichen Union zwischen Lutheranern und Reformierten geprägt waren. Der Widerstand Paul Gerhardts gegen den Großen Kurfürsten, der den offenen Dialog über die christliche Wahrheit unterbunden hatte, gehört für uns in eine vergangene Zeit. Das erfreut uns. Aber diese Erinnerung löst auch Respekt aus. Es war Dietrich Bonhoeffer, dessen Buch „Widerstand und Ergebung" zwei wichtige Aspekte des christlichen Glaubens miteinander verbunden hat, der aus der Gefängniszelle in Berlin schrieb, daß für ihn neben den Psalmen der Bibel besonders Paul Gerhardts Lieder hilfreich und trostreich seien.

Der Pfarrer und Liederdichter aus der Zeit des 30jährigen Krieges ist uns nicht nur fern, sondern auch nah. Er hat mit Luther dafür gesorgt, daß neben dem Pfarrer auch alle Christen im Gottesdienst zu Wort kommen. Er hat Gemeindelieder geschaffen, in denen wir als Christen unsere Freude und unseren Lobpreis, unsere Klage und unseren Dank, unser Bekenntnis und unsere Lebensnöte in Worte und Töne fassen können. Wenn man mit Paul Gerhardt ins Gespräch kommt, rückt er in unsere Zeit; und das Vorurteil hört auf, er sei nur ein altes Ruhesofa, das nun mal zu den alten Möbeln des Protestantismus gehöre.

Bereits das erste Lied, das wir heute morgen gesungen haben, ist ja ein aufweckendes Lied: „Du meine Seele, singe ...!"

Das Lied, über das wir heute nachdenken wollen, ist ein Pfingstlied: „Zieh ein zu deinen Toren". Darum liegt auch noch das Pfingstantependium auf dem Altar. Es geht davon aus, daß wir einen neuen Geist benötigen, damit wir herausgeholt werden aus unseren Gewohnheiten und übermäßigen Eigeninteressen. Das Lied bittet darum, daß wir in unserem Denken und Handeln von dem Geist Gottes geprägt werden, der uns Glauben und Gemeinschaft, Weisheit und Rat gibt. Denn wir haben als Christen nicht nur einen erinnerten Gott, sondern einen Gott, der durch seinen Geist gegenwärtig ist. Die Frage lautet immer, wes Geistes Kinder wir sind. Paul Gerhardt hat in seinem

Pfingstlied „Zieh ein, zu deinen Toren, sei meines Herzens Gast" vielfach an den alten Hymnus „VENI CREATOR SPIRITUS" angeknüpft. Luther hat ihn ins Deutsche übersetzt. „Komm, Gott Schöpfer, Heiliger Geist, besuch das Herz der Menschen dein". Wichtig ist für Paul Gerhardt u.a. die dritte Strophe seines Liedes, die von der Vergewisserung der Christen im Glauben durch die Taufe handelt und das Taufgedächtnis hoch hält. Der alten Taufliturgie entsprechend stellt Paul Gerhardt neben das Bild vom Lebenswasser der Taufe das Bild der Salbung, weil die Täuflinge früher bei der Taufe an Stirn und Brust gesalbt wurden als Eigentum Jesu Christi. Das allgemeine Priestertum der Gläubigen bekommt einen Akzent. Wir Getauften werden Priester und Propheten genannt; Menschen, die zu Gott im Gebet einen unmittelbaren Zugang haben und nicht der Mittlerdienste eines Priesters bedürfen. Uns Christen, so singt Paul Gerhardt, ist der Geist Gottes zugesagt. – Warum geht es dennoch, so fragen wir uns, manchmal so geistlos und mutlos in der Kirche zu? Hängt das am Glaubensmangel?

Es folgen dann die Strophen 5–7, die wir eben gesungen haben. Die Rede vom Geist des Gebets, der Freude und der Liebe ist ein Lebenszeichen evangelischer Frömmigkeit. Diese Beschreibung sollten wir uns einprägen. Die 7. Strophe gibt eine Wesensbeschreibung des geistgewirkten christlichen Glaubens: „Du bist ein Geist der Liebe, ein Freund der Freundlichkeit, willst nicht, daß uns betrübe, Zorn, Zank, Haß, Neid und Streit. Der Feindschaft bis du feind."

Paul Gerhardt hat hier im Namen Gottes die Versöhnung angesagt. Das war für ihn wichtig auf Grund der Erfahrungen des 30jährigen Krieges und der Hoffnung auf ein Umdenken in den Köpfen der Menschen. – Ich möchte diese Liedpredigt hier unterbrechen. Herr S. wird sie weiterführen und die beiden Strophen 8 und 9 singen, die aus dem Jahre 1653, kurz nach Beendigung des 30jährigen Krieges, stammen; sie erinnern uns an ähnliche Gedanken in der heutigen Zeit. 1945 wurden diese Verse mit Inbrunst gesungen; wir denken heute z. B. an das ehemalige Jugoslawien und an andere Fernsehbilder.

Die beiden Gebetsverse, die der Tenor jetzt singen wird, finden Sie im Gesangbuch (EG 133,8.9):

„Du Herr, hast selbst in Händen
die ganze weite Welt,
kannst Menschenherzen wenden,
wie dir es wohlgefällt;
so gib doch deine Gnad
zu Fried und Liebesbanden,
verknüpf in allen Landen,
was sich getrennet hat.

Erhebe dich und steu're
dem Herzleid auf der Erd,
bring wieder und erneu're
die Wohlfahrt deiner Herd.
Laß blühen wie zuvor
die Länder, so verheeret,
die Kirchen, so zerstöret
durch Krieg und Feuerszorn."

III

Diese Bitten, die wir eben hörten, richten sich gegen die Herrschaft des bösen Geistes unter Menschen. Sie erhoffen ein erneuertes Leben, nicht nur ein etwas verbessertes Leben. Im Vordergrund steht die Bitte um eine Wende im Denken und Handeln, um das Aufhören der Mangelerkrankungen des Glaubens, die zu Feindschaften, zu Trennungen und Herzeleid führen.

Paul Gerhardt singt in seinem Pfingstlied freudig davon, daß Christus uns nicht nur die Gnade, sondern auch die Glaubensgewißheit, die Gabe des Geistes, erworben und vermittelt hat. Diese Gewißheit ist nicht einfach menschlich machbar und übertragbar. Sie kommt, wie das Pfingstantependium symbolisch mit dem Bild der Taube darstellt, wie ein Geschenk von oben herab. Darum gibt es auch im Glauben von uns Menschen Zeiten der Ebbe und Zeiten der Flut. Aber es gehört grundsätzlich zum Christsein die Sehnsucht nach dem Glauben. Es gehört zum Christsein die Hoffnung auf den Geist, der uns in die Wahrheit leitet; der uns lehrt, wie man recht beten soll; und dieser Geist ist ein Geist der Freude.

Um die Gegenwart dieses Gottesgeistes wollen wir mit Paul Gerhardt immer wieder bitten und beten, weil der Glaube und die Gegenwart des Gottesgeistes letzthin ein Geschenk sind. Sie sind kein Ergebnis frommer Arbeitsleistungen. Die Sehnsucht nach dem Geist ist nichts anderes als die Sehnsucht nach dem Glauben, der den Anfang und das Ende im Leben eines Menschen verbindet. Paul Gerhardt denkt über die Erfahrungen im Leben von Menschen von der Taufe bis hin zum Sterben nach. Das Pfingstlied von Paul Gerhardt hat Bezüge zu den Lebensgeschichten von uns Menschen; und solche Lebensgeschichten bilden den Hintergrund seiner Glaubenslieder.

Einen letzten Gedanken möchte ich hinzufügen. Mit der Rede von dem Gottesgeist ist es wie mit dem

Walten der Liebe. Über die Liebe können Menschen viel Schönes und Begeisterndes sagen. Aber was leistet dieses Reden, wenn nicht die gemeinsame Erfahrung und das Erleben gegenseitiger Liebe dahintersteht? Deswegen verstehe ich das Lied von Paul Gerhardt als ein Lied der Bitte um die Erfahrungen des Glaubens und der Geistesgegenwart, so wie Paul Gerhardt diese beschreibt. Den Predigtschluß möchte ich heute nicht allein formulieren. Ich lade Sie ein, die drei letzten Strophen des Liedes (EG 133, 11–13) als gemeinsamen Predigtschluß zu singen:

„Erfülle die Gemüter
mit reiner Glaubenszier,
die Häuser und die Güter
mit Segen für uns hier.
Vertreib den bösen Geist,
der dir sich widersetzet
und, was dein Herz ergötzet,
aus unsern Herzen reißt.

Gib Freudigkeit und Stärke,
zu stehen in dem Streit,
den Satans Reich und Werke
uns täglich anerbeut.
Hilf kämpfen ritterlich,
damit wir überwinden
und ja zum Dienst der Sünden
kein Christ ergebe sich.

Richt unser ganzes Leben
allzeit nach deinem Sinn;
und wenn wir's sollen geben
ins Todes Rachen hin,

wenn's mit uns hier wird aus,
so hilf uns fröhlich sterben
und nach dem Tod ererben
des ewgen Lebens Haus."

Friedrich Wintzer

„Sollt ich meinem Gott nicht singen?"
(EG 325)

Im Mittelpunkt des Gottesdienstes steht heute das Lied von Paul Gerhardt: „Sollt ich meinem Gott nicht singen?". Die ersten sieben Strophen haben wir gerade im Wechsel mit dem Chor gesungen. Lassen Sie jetzt ruhig Ihr Gesangbuch aufgeschlagen, wir werden es noch brauchen.

I

Manchmal geschieht einem das so: Es springt mir etwas ins Auge, es fällt mir etwas auf, immer wieder – und ich weiß im Augenblick noch gar nicht, aus welchem Grund. Mir ging es so in den letzten zwei, drei Wochen mit einem ganz bestimmten Bild, einer ganz bestimmten Anzeige. In verschiedenen Zeitschriften begegnete sie mir immer wieder, und immer wieder habe ich sie länger betrachtet, als ich das üblicherweise tue. Draußen an der Eingangstür habe ich sie Ihnen aufgehängt.

Ein Bild, gehalten in den Farben rot und schwarz, unschwer zu erkennen als die graphisch aufbereitete Version einer alten Vorlage. Was sehen wir? Zwei Reiter im Vordergrund, sie befinden sich in einem tödlichen

Zweikampf, einer wird dem anderen im nächsten Augenblick die Lanze in den Körper bohren. Eine Einzelszene, hervorgehoben vom Künstler, um so die Gesamtsituation verdichtend darzustellen. Im Hintergrund vollzieht sich offenbar dieselbe Situation hundert- und tausendfach. Es tobt ein blutiges, mörderisches Schlachtgetümmel. Kämpfende Heere durchziehen die Landschaft, am Bildrand liegen Verwundete, Erschlagene. Und darunter der provokante Satz: „Du *sollst* begehren Deines nächsten Marktanteil". Die Werbeleute haben ihn formuliert, offenbar in bewußter Anknüpfung an religiös-sakrale Sprache, und wir wissen auch sofort, woran angeknüpft wird: „Du sollst nicht begehren", heißt es ganz apodiktisch im 9. und 10. Gebot. Dies wird provozierend umgedreht: „Du sollst begehren!" Biblisch-sakrale Sprache wird benutzt zu einem höchst profanen Zweck, um für ein bestimmtes Produkt zu werben, um die Werbebotschaft zu transportieren.

II

Sie werden aber zu Recht fragen, was dies alles denn mit Paul Gerhardt, mit unserem Lied zu tun hat. Die Verbindung besteht in zweierlei: Zum einen ist es die Art und Weise, wie hier Sprache gebraucht wird: entnommen dem biblisch-religiösen Bereich, um eines profanen Zweckes willen – das ist deutlich! Und damit werden innere Bilder im Leser ausgelöst und freigesetzt, von denen sich die Werbeleute eine Wirkung in ihrem Sinne erhoffen.

Bei Paul Gerhardt finden wir dies in genauer Umkehrung. Er benutzt mit Vorliebe Bilder, Sprachbilder aus dem alltäglichen Bereich seiner Zeit, vor allem aus der Natur. Er nimmt also profane Gegenstände, um seine christlich-religiöse Botschaft zu transportieren! In Liedern wie „Geh aus, mein Herz, und suche Freud" oder „Ich singe dir mit Herz und Mund" finden wir eine Fülle von Beispielen dazu, aber auch in unserem Predigtlied heute: „Wie ein Adler sein Gefieder über seine Jungen streckt, also hat auch hin und wieder mich des Höchsten Arm bedeckt" (Str. 2). Zum anderen: Es ist dieses Bild von Kampf und Schlachtgetümmel. Seit ich mich erinnern kann, bringe ich solche Bilder mit Paul Gerhardt in Verbindung (und bin deshalb während der Vorbereitungszeit für diese Predigt immer wieder an dieser Anzeige hängengeblieben!): Krieg – Zerstörung – Angst – Leiden.

Sie gehören zu seiner Zeit. Wir erinnern uns kurz: Geboren wurde er 1607, gestorben ist er 1676. Die Hälfte seiner Lebenszeit fällt in die Zeit des 30jährigen Krieges. Er ist lange Student, neben seinem Studium arbeitet er in verschiedenen Häusern als Hauslehrer. Erst 1651, also mit Anfang 40, tritt er seine erste Pfarrstelle an, allerdings gleich als Propst in Mittenwalde. 1657 erfolgt der Wechsel nach St. Nicolai in Berlin. Zehn Jahre später wird er dort entlassen, wegen seines Streites mit dem Großen Kurfürsten. Von 1669 bis zu seinem Tode ist er dann noch Pfarrer in Lübben.

Kampf und Krieg also haben ihren schrecklichen Platz in seiner Zeit, sind ihm wohl vertraut. Wir finden das in seinen Liedern, vom „Brennen, Hauen, Stechen" kann er dichten, von „Furcht und Schrecken an meinem Orte" – so in „Ist Gott für mich, so trete" (EG 351, 8 u. 11). Tod und Zerstörung samt ihren Auswirkungen waren einfach präsent, bestimmten das Lebensgefühl jener Zeit und Jahre. Niemand konnte sich dem entziehen, auch Paul Gerhardt als Pfarrer und frommer Dichter nicht:

„Das drückt uns niemand besser
in unsre Seel und Herz hinein
als ihr zerstörten Schlösser
und Städte voller Schutt und Stein,
ihr vormals schönen Felder,
mit frischer Saat bestreut,
jetzt aber lauter Wälder
und dürre, wüste Heid,
ihr Gräber voller Leichen,
und blutgen Heldenschweiß's
der Helden, deren gleichen
auf Erden man nicht weiß."

(EKG 392,4)

Die Bedrückungen und das Elend, die Leidenserfahrungen einer ganzen Kriegsgeneration sind in diesen sprachmächtigen Zeilen zusammengefaßt. Ver-
gleichbare Eindrücke fand ich übrigens in einem
kurzen Gedicht von Marie-Luise Kaschnitz, das ich
einfach danebenstellen möchte:

„Geduld. Gelassenheit. O wem gelänge
Es still in sich in dieser Zeit zu ruhn,
Und wer vermöchte die Zusammenhänge
Mit allem Grauen von sich abzutun?

Zwar blüht das Land. Die reichen Zweige wehen,
Doch Blut und Tränen tränken rings die Erde
Und in der Tage stillen Kommen, Gehen
Verfällt das Herz der tiefsten Ungebärde.

Und ist des Leidens satt und will ein Ende
Und schreit für Tausende nach einer Frist, Nach
einem Zeichen, daß das Kreuz sich wende.

Und weiß doch nicht, mit welchem Maß der Bogen
Des Unheils über diese Welt gezogen
Und welches Schicksal ihm bereitet ist."

Marie Luise Kaschnitz, Geduld, aus: Überall nie, © 1965 Claassen Verlag Hamburg (jetzt Hildesheim)

III

Wenden wir uns nun – vor diesem Gesamthintergrund – noch einmal näher unserem Liede zu. „Sollt ich meinen Gott nicht singen" wird 1653 in die Sammlung „Praxis pietatis melica" von Johann Krüger aufgenommen und wohl zum ersten Mal veröffentlicht. Wir wissen nichts über den tatsächlichen Entstehungszeitraum, so daß sich Interpretationsversuche verbieten, die spezifische biographische Einzeldetails zur Voraussetzung hätten. Ein direkter Anlaß, eine bestimmte Gelegenheit, aus denen heraus unser Lied entstanden sein könnte, sind nicht bekannt. Die Melodie stammt von Johann Schop, einem Hamburger Ratsmusiker, ursprünglich war sie auf ein Osterlied gelegt, mit ähnlicher Grundaussage: Lob und Dank. So haben wir es also zu nehmen, dieses Lied, wie wir es heute vorfinden; allerdings ist zu vermerken, daß es ursprünglich über 12 Strophen ging, die ehemals siebte ist in unserem Gesangbuch ausgelassen. Sie lautet:

„Wie so manche Plage
wird vom Satan umgeführt,
die mich doch mein Lebetage
niemals noch bisher gerührt.
Gottes Engel, den er sendet,
hat das Böse, was der Feind,
anzurichten hat gemeint,

in die Ferne weggewendet.
Alles Ding währt seine Zeit,
Gottes Lieb in Ewigkeit."

Der Refrain – in allen Strophen gleich, ausgenommen in der letzten – gibt das Thema, den Dreh- und Angelpunkt des Liedes an: Alles Ding währt seine Zeit, Gottes Lieb in Ewigkeit!

Der Vergänglichkeit der irdischen Dinge wird also die ewige Beständigkeit der Liebe Gottes gegenübergestellt. Diese Erkenntnis wird eindrücklich gemacht mit jeder Strophe. Mit einer Frage setzt die erste Strophe ein: „Sollt ich meinem Gott nicht singen, sollt ich ihm nicht dankbar sein?" Ein kleiner rhetorischer Kunstgriff, denn die Antwort ist darin schon angelegt. Sie lautet natürlich „Ja!" Der Dichter nimmt uns mit hinein in ein inneres Zwiegespräch mit sich selbst. Es erstreckt sich über zehn Strophen des Liedes. Mit diesem inneren Dialog führt sich der Dichter gleichsam selbst vor Augen, wofür und weshalb er zu danken hat, worin der Grund zum Loben, Danken und Singen besteht. Vorangestellt ist dabei als Grund-Satz in Strophe 1 die Herzensregung Gottes, die aus „nichts als lauter Liebe" besteht.

Mit den Strophen 2–4 orientiert sich Paul Gerhardt an den drei Artikeln des Credo: Schöpfung, Erlösung, Heiligung klingen an. In den Strophen 5–7 wird insbesondere Gottes Handeln als Schöpfer und Erhalter besungen. Die überaus einprägsamen Bilder bezeugen das dankbare Vertrauen in die liebevolle Fürsorge Gottes. Dabei knüpft Paul Gerhardt an sehr menschliche Lebenshorizonte an. Die Verletzlichkeit, Unvollkommenheit und Schutzbedürftigkeit des Menschen sind zeitlose Erfahrungen, die jeder teilen kann. Es sind Bestandteile auch unseres Alltags, und aus ihnen heraus entsteht unsere Sehnsucht nach Geborgenheit, Wärme und Zuwendung. Sie gehören zur Füllung des Lebens ebenso wie die Versorgung mit den täglichen Notwendigkeiten, Essen und Trinken. Dankbares Loben ist uns deshalb möglich, weil wir vertrauen können auf Gottes Liebe. In ihr und durch sie wird uns dies alles geschenkt.

In den Formulierungen des Liedes finden sich verständlicherweise eine Vielzahl von Anknüpfungen an biblische Formulierungen und Inhalte. In Strophe 6 zum Beispiel erkennen wir unschwer Aussagen aus Psalm 104 wieder. Die Fürsorge Gottes für den Menschen nimmt Gestalt an in der wunderbaren Schöpfung; diese ist beides: Ausdruck und Gegenstand seiner Liebe! Dabei fällt auf: Einerseits hebt der Dichter immer wieder Gottes unvergängliche, ewige Liebe hervor, gegenüber den zeitlichen, irdischen Dingen, die bloß ihre ihnen bestimmte Zeit währen. Andererseits aber geht er vor allem in den ersten sieben Strophen unseres Liedes sehr selbstverständlich davon aus, daß sich gerade in diesen zeitlichen Dingen (trotz ihrer Vergänglichkeit!) Gottes Liebe, Fürsorge und Beistand erweisen! Wir finden also keine Abwertung des Irdischen gegenüber dem Himmlischen, keine Weltflucht ins Jenseitige, Transzendente, sondern die Ein- und Zuordnung der Schöpfung und des Menschen in das liebende Handeln Gottes! Das ist Grund zum Loben und Danken und Singen.

Daß Paul Gerhardt in seiner Sicht und in seinem Verständnis gleichwohl nicht frei ist von zeitlich bedingten Vorstellungen, wird insbesondere in den Strophen 8–10 deutlich. Ich möchte sie jetzt gerne mit Ihnen zusammen lesen und anschließend ein paar kurze Gedanken dazu mit Ihnen teilen:

Gemeinde und Pfarrer gemeinsam Strophen 8–10

Der positive Grundton von Gottes beständiger Liebe bleibt auch hier deutlich hörbar. Aber viele andere Töne, die anklingen, sind mir fremd. Deshalb fällt es mir auch schwer, diese Verse fröhlich und dankbar zu singen. Offenbar versucht Paul Gerhardt in diesen Strophen, Leidenserfahrungen einen Sinn abzugewinnen. Er möchte sie integrieren in seinen Glauben an den liebenden Gott und Vater. Mir scheint, daß er dabei in geradezu absolutistischen Modellen denkt: Gott straft und Gott schlägt. Gott verletzt, fügt Schmerzen zu – und soll zugleich wieder der sein, der tröstet und heilt; er wird vorgestellt sozusagen als der, der mit der einen Hand Unheil anrichtet, das er mit der anderen wieder heilt.

Ohne damit der Größe Paul Gerhardts Abbruch zu tun, werden wir diesen Umgang mit der Frage nach dem Sinn und Verständnis von Leiden als stark zeitgebunden einordnen können. Es ist uns Heutigen weithin fremd und unverständlich. Allerdings – könnten in diesen Aussagen auch Hinweise auf die „dunkle Seite Gottes" verborgen liegen?

IV

Gleichwohl: „Sollt ich meinem Gott nicht singen" – Sie haben es sicher schon längst bemerkt – ist eines meiner Lieblingslieder von Paul Gerhardt, ja, eines meiner Lieblingslieder überhaupt. Die warmen Farben dieses Liedes, die Wellen von Geborgenheit und Zuwendung, die von ihm ausgehen – verbunden mit der leichten und tänzerischen Melodie – lassen mich immer wieder mit vollem Herzen einstimmen. Paul Gerhardt kann loben und danken, trotz Krieg, Zerstörung, Unheil. Trotz jenes dunklen Bildes, das wir uns vorhin am Anfang vor Augen geführt haben. Er kann es tun in der wohl angefochtenen, aber doch immer wieder gewissen Zuversicht, daß alles Ding seine Zeit währt, Gottes Liebe aber in Ewigkeit bleibt. Von ihr sind wir getragen in unserer Zeit zum Loben und Lieben in Ewigkeit. Und wir stimmen ein, aus vollem Herzen in Strophe 11:

„Weil denn weder Ziel noch Ende
sich in Gottes Liebe findt,
ei so heb ich meine Hände
zu dir, Vater, als dein Kind,
bitte, wollst mir Gnade geben,
dich aus aller meiner Macht
zu umfangen Tag und Nacht
hier in meinem ganzen Leben,
bis ich dich nach dieser Zeit
lob und lieb in Ewigkeit."

Helmut Hofmann

Vom Mandelzweig

Vorletzter Sonntag des Kirchenjahres / Volkstrauertag

Das Zeichen

„Freunde, daß der Mandelzweig
wieder blüht und treibt,
ist das nicht ein Fingerzeig,
daß die Liebe bleibt?

Daß das Leben nicht verging,
soviel Blut auch schreit,
achtet dieses nicht gering
in der trübsten Zeit.

Tausende zerstampft der Krieg,
eine Welt vergeht.
Doch des Lebens Blütensieg
leicht im Winde weht.

Freunde, daß der Mandelzweig
sich in Blüten wiegt,
bleibe uns ein Fingerzeig,
wie das Leben siegt."

Schalom Ben-Chorin / EG 651 (Ausgabe Rheinland-Westfalen)

„Und es erging an mich das Wort des Herrn:
Jeremia, was siehst du?
Ich sprach:
Einen Mandelzweig sehe ich.
Da sprach der Herr zu mir:
Du hast recht gesehen, denn ich wache
über meinem Wort, es zu vollstrecken."

Jer 1,11 f in der Zürcher Übersetzung

I

Zum einen sind da die Worte des Dichters, die mich
direkt ansprechen, die mich zustimmen lassen: Ja, so
ist es! Seine Worte finden Resonanz auch in meiner
Erfahrung. Mit der Melodie des Liedes habe ich hin-
gegen Schwierigkeiten: Sie erscheint mir passagenweise
verharmlosend, aufgesetzt munter bisweilen. Ist denn
nicht trübe Zeit? Die Demoskopie hat es längst er-
kannt, der Fortschrittsglaube ist gebrochen, die Erwartung, daß alles besser wird – seit den 50er Jahren
gewissermaßen das geheime Grundgesetz der Bun-
desrepublik – die Hoffnung, daß alles besser wird, ist
dahin. „Soviel Anfang war nie" – das Losungswort der
Jahre 1989 und 1990 ist längst vergessen, verweht. Krise
der Wirtschaft wie der sozialen Sicherungssysteme,
der großen Institutionen wie der Seele des einzelnen.
Die Generationen in unserem Land, die mit den Wer-
ten des Fortschrittsglaubens erzogen wurden oder die
von Kindesbeinen an gesicherten Wohlstand kannten,
müssen jetzt umlernen.

Welten vergehen, im Kleinen wie im Großen. Indu-
strieregionen veröden und schaffen den Strukturwan-
del nicht. Familien werden nicht gegründet, weil das
Vertrauen in die Zukunft fehlt. Wer Woche um Woche

in manche Gesichter hinter dem Bonner Hauptbahnhof schaut, ahnt, was es heißt, daß Menschenwelten vergehen.

„Tausende zerstampft der Krieg", sagt das Lied. Die Zahl scheint uns viel zu niedrig gegriffen. Ein Katalog könnte vorgelesen werden all' der kleinen und großen Kriege, die heute geführt werden, wir könnten an die vielen Staaten erinnern, die zerfallen sind in sich bekämpfende Stämme und die ihre ehemaligen Bürger schutzlos allein lassen. Lesen Sie Naipauls Roman „A Bend in the River", zu deutsch „An der Biegung des großen Flusses", und Sie werden einen Eindruck erhalten von der ungesicherten Existenz mancher afrikanischer Gesellschaften nach der Entlassung aus der kolonialen Bedrückung in die Unabhängigkeit.

Die Insel der Ruhe und des Friedens, auf der wir seit dem letzten Krieg in Westeuropa leben, wird kleiner, die Bedrohung für uns Besitzstandswahrer rückt näher.

Aber auch darin findet das Lied bei mir Resonanz: Es gibt sie, die Hoffnungszeichen, die Fingerzeige, daß nicht allen alles sinnlos, gleichgültig und unnütz ist. Selten waren so viele Menschen in Deutschland sozial aktiv wie heute. Das Stöhnen darüber, daß früher alles besser gewesen sei und heute jeder nur noch an sich denke, es scheint mir unberechtigt. „Erzähl' mir, wie du die Welt siehst, und ich sage dir, welche Menschen du kennst". Es gibt sie, diese Zeichen des Lebens, Menschen engagieren sich dafür, daß es weitergeht, daß die Kette menschenwürdigen Lebens nicht abreißt.

Und erst die Liebe! Nicht so sehr die allgemeine Menschenliebe meine ich, dieses „Alle Menschen werden Brüder" – das ist uns ein bißchen vergangen, nach all' den ideologischen Enttäuschungen und Katastrophen dieses Jahrhunderts, in unserem Land und anderswo. Nein, die kleine, manchmal sehr private, nahe Liebe – die im Empfinden des einzelnen kaum akademisch streng zu gliedern ist nach Agape und Eros, aber eben wirklich oft selbstvergessene Liebe, die sich einfindet in der Begegnung von Ich und Du und die dann weitere Kreise ziehen kann. Mögen sich die Lebensformen ändern und die Bindungen lockern, das Ideal der Liebe wird von vielen hochgehalten.

Zwei Begegnungen aus den vergangenen Wochen: Eine alte Dame erzählt mir mit leuchtenden Augen über ihren kriegsversehrten und jetzt noch an schlimmen Phantomschmerzen leidenden Ehemann: „Ich habe sein Leben gelebt, mein Leben für seines gegeben – aber es war schön." Ich lerne eine junge Frau kennen. Sie selbst ist durch Prüfungen und Angst vor der folgenden Arbeitslosigkeit belastet. Als ihr Freund schwerkrank wird und wochenlang auf die notwendige Operation warten muß, pflegt sie ihn, hält zu ihm, hält durch mit ihm. Daß die Liebe bleibt, daß sie am Leben erhält – das gibt es wirklich. Wir müssen nur aufmerksam hinschauen.

Wir können bis zu unserem letzten Atemzug Liebe geben und empfangen. Das ist nicht wenig, es mag manchem gar die Frage nach dem Sinn des Lebens beantworten. Aber kann die Liebe den Tod besiegen? Jürgen Moltmann schreibt: „Unsere Lebensfrage ist folglich nicht, ob, und wenn ja, welcher Teil unserer Existenz möglicherweise unsterblich sein könnte, sondern ob die Liebe bleibt, aus der wir uns empfangen und die uns lebendig macht, wenn wir sie geben. Das einzig wirkliche Problem des Lebens wird durch den Konflikt zwischen Liebe und Tod gestellt." Paul Ger-

hardt aber dichtete: „Alles Ding währt seine Zeit –
Gottes Lieb' in Ewigkeit".

II

Zum anderen ist da dieses Gedicht zu seiner Zeit. Es
entsteht 1942 in Jerusalem, geschrieben von einem,
dessen Voraussicht ihn davor bewahrt, der Judenver-
folgung in Deutschland zum Opfer zu fallen. Schalom
Ben-Chorin wird 1913 als Fritz Rosenthal in München
geboren. Als Jugendlicher, mit 15 Jahren, vollzieht er den
Bruch mit dem assimilierten Judentum seiner Familie.
Am Weihnachtstag 1928 – und in der Familie Rosenthal wird Weihnachten mit Tannenbaum und Geschen-
ken gefeiert! – verläßt er das Elternhaus und wendet
sich einer profilierteren jüdischen Glaubenspraxis zu.
Noch in Deutschland verwendet er den sprechenden
hebräisch-aramäischen Namen, der heißt: Frieden Sohn
der Freiheit.

Später, in Palästina, erklärt er seinen Namen so:
„Die Phantasielosigkeit meiner Mitbürger witterte in
meinem hebräischen Namen einen ursprünglichen
Herrn Freimann, vermutete also eine mehr oder min-
der wörtliche Übersetzung. Ich pflegte dann einfach
auf die liturgische Formel der Passah-Nacht hinzu-
weisen: ‚Dieses Jahr hier – das kommende Jahr im
Lande Israel. Dieses Jahr Knechte – das kommende
Jahr Söhne der Freiheit, Benej Chorin.' Und ergän-
zend fügte ich hinzu: ‚Ich kam in das Land Israel und
wurde ein Sohn der Freiheit, ein Ben-Chorin.'"

Der bewußte Jude sieht früh die Gefahr, die seinen
Glaubensgenossen in Deutschland droht. Er wird –
und bleibt! – Zionist, 1929 entscheidet er sich im Herzen für Jerusalem, und bereits 1932 entwickelt er

Pläne zu einer geordneten und vollständigen Aus-
wanderung der deutschen Juden, hat sogar einmal
Kontakt zu den Nazis wegen dieses Vorschlags. Aber
er wird – als einzelne Stimme – nicht gehört. Später
beschreibt er die Tragik, daß gerade dem ostjüdischen
Chassidismus mit seiner religiösen Ablehnung des
Zionismus die Rettung unmöglich wurde. Im Som-
mer 1935 gelingt ihm und seiner Frau die Ausreise
nach Palästina. Sein weiterer Lebensweg dort ist der
Versuch, einerseits als bewußter Jude einen Weg „Jenseits von Orthodoxie und Liberalismus", wie ein 1937
erschienenes Buch von ihm heißt, zu finden. „Weder
Zion ohne Gott, noch Gott ohne Zion", so faßt Ben-
Chorin selbst einmal seine Position zusammen. Er
gründet 1958 eine jüdische Reformgemeinde in Jerusalem; und er macht den heftig diskutierten Vorschlag, das Purimfest abzuschaffen. Zum anderen ist
Ben-Chorins Name uns allen natürlich geläufig aus
dem christlich-jüdischen Gespräch, zu dem er aus jü-
discher Sicht Bedeutendes beigetragen hat. Nach dem
Krieg wurde er gerade in Deutschland für dieses Wirken vielfach ausgezeichnet. Selbst seit seinen Mün-
chener Studienjahren an christlicher Theologie inter-
essiert – insbesondere der Einfluß der Theologie Karl
Barths ist nicht zu leugnen – befaßt er sich später z.B.
in der bekannten Trilogie „Die Heimkehr" mit den
großen Gestalten der christlichen Ursprungstradition,
Bruder Jesus, Mutter Mirjam und Paulus, aus jüdi-
scher Sicht.

Das Gedicht, auf dem unser neues Gesangbuchlied
beruht und das Fritz Baltruweit 1981 vertont hat, entsteht im März 1942 in Jerusalem, wahrlich in trübster
Zeit: Die Lage im Lande, im britischen Mandatsge-
biet, zwischen Arabern und Juden ist gespannt, und
daß sich die Befürchtungen für das europäische Juden-

tum als berechtigt erweisen, wird mit jedem Tag klarer, auch wenn der Holocaust als solcher gerade erst beginnt und in all' seinen schrecklichen Details noch nicht bekannt ist.

Über die Entstehung des Textes schreibt Schalom Ben-Chorin in seinem Buch „Ich lebe in Jerusalem": „Gegenüber meiner Wohnung in Jerusalems höchstem Stadtviertel Romema, die ich 1936 bezog, steht ein kleines Haus. Viele Jahre hat dort mein lieber Nachbar, der Arzt Dr. Stern, mit seiner umsichtigen, hilfsbereiten Frau ein Sanatorium geführt. Im Vorgärtchen dieses stillen Hauses steht ein Mandelbaum. Wenn ich an kalten Februartagen auf den Balkon vor meinem Arbeitszimmer trat, fiel mein Blick immer und immer wieder auf diesen Mandelbaum, der bereits weiß-rosa Blütenblätter zeigte, wenn alle anderen Bäume ringsum noch winterlich kahl blieben. Wenn ich diesen blühenden Mandelbaum inmitten der schlafenden Natur sah, mußte ich oft an das Wort denken, das an den Propheten Jeremia erging. Der blühende Mandelzweig in meiner Nachbarschaft wurde mir, im Lichte der Prophetie des Jeremia, ein Wahrzeichen. Wenn ich sehr verzagt und hoffnungslos dem kommenden Tag entgegenblickte, haben mich der Mandelbaum und seine geflüsterte Botschaft gestärkt. In den düstersten Jahren des Zweiten Weltkrieges und der beispiellosen Verfolgung hat sich mir dieses Erlebnis zu einem Lied verdichtet. Weit über das Datum hinaus sind mir Erlebnis und Deutung innerster Besitz geblieben. In Krieg und Belagerung, in Sorgen und Nöten des eigenen Lebens hat mich der Mandelbaum im Nachbargarten getröstet."

Der Mandelbaum als Symbol der im zeitigen Frühjahr wieder erwachenden Natur, Ausdruck der sich erneuernden Schöpfung, auch der Treue des Schöpfers zum Leben, wo alles andere kahl, öde und tot wirkt. Der Mandelzweig als Symbol der Hoffnung wider den Augenschein, auch wider die eigene, übermächtige, bedrückende Erfahrung. Der Mandelzweig ist nicht eine Blüte, eine vielleicht besonders schöne, unter vielen, mitten in einem blühenden und grünenden Garten. Nein, ringsum ist Winter, kahle Traurigkeit. Das Auge heftet sich an die Mandelblüte wie an ein Hoffnungslicht in der Dunkelheit, weil es sonst nichts findet, woran es sich halten könnte. Der Mandelzweig ist nicht Ausdruck und Verdichtung dessen, was auch sonst wahrzunehmen und zu beschreiben wäre. Er ist für Ben-Chorin ein Verweis auf heilvollere Zukunft. Ben-Chorin gibt seinem Text den Titel: „Das Zeichen".

Aber nicht nur von dem Naturbild spricht der Dichter, sondern auch von der biblischen Erinnerung. Ein altes Wort wird wieder lebendig, knüpft im eigenen Leben an, Bibelwort wird Menschenwort. Darin bleibt es Gottes Wort, nicht einmal gesagt und dann nur noch Antiquität, sondern Spruch in mein Leben hinein, gesprochenes, ja gesungenes Wort, nicht toter Buchstabe. Für Ben-Chorin spricht es von der Liebe, wo Feindschaft und Haß das Zusammenleben unmöglich machen. Es spricht von Liebe, obwohl die Erfahrung erzählt, daß Menschen einander verraten, verkaufen, vernichten. Das biblische Wort klingt im Dichter nach als ein Wort des Lebens, wo Familien, Generationen, ja eine ganze Kultur und Welt unterzugehen scheint, wo es zum erklärten Ziel einer Ideologie und eines Volkes – unseres Volkes – geworden ist, den jüdischen Glauben auszurotten, damit das Leben nicht mehr weitergehe. Im Mandelzweig verdichtet sich für Ben-Chorin die Hoffnung, daß die Liebe über den Tod siegt.

III

Zum dritten ist da der biblische Text, der in der Dichtung nachklingt und sie von der Liebe und dem Leben in der trübsten Zeit singen läßt. Im ersten Kapitel des Buches Jeremia berichtet der Prophet: „Und es erging an mich das Wort des Herrn: Jeremia, was siehst du? Ich sprach: Einen Mandelzweig sehe ich. Da sprach der Herr zu mir: Du hast recht gesehen, denn ich wache über meinem Wort, es zu vollstrecken."

Das Wortspiel – Martin Buber würde sagen: der Worternst – dieses Textes wäre im Deutschen vielleicht besser nachzuvollziehen, wenn wir statt vom „Mandelzweig" vom „Wacholder" sprechen würden: Denn so wie für uns im Wort „Wacholder" das „Wachen" anklingt, das Gott in Hinsicht auf sein Wort zusagt, so hört das hebräische Ohr hinter dem *makel schaked*, dem Mandelzweig, wie wir übersetzen, das Verb *schakad* anklingen, mit dem in unserem Text das Wachen Gottes ausgesagt wird. Auf einem solchen Anklang, einer Assonanz, beruht also dieses Bild- und Klangwort, und in der Exegese wird diskutiert, ob der Klang- oder der Bildaspekt im Vordergrund steht. Doch besteht ja ein innerer Zusammenhang zwischen beiden; Bild und Wort, Geschautes und Gehörtes gehören zusammen, und zwischen dem Mandelzweig, dem *makel schaked* und dem Wachen Gottes, dem *schakad*, besteht nicht nur ein Gleichklang, sondern auch eine echte etymologische Verbindung. Im Hebräischen kann der Mandelbaum *schaked* genannt werden, eben *weil* er der am ersten im Jahr *erwachende* und blühende Baum ist. So kann der Mandelzweig selbst, und nicht nur sein Name, Zeichen für das Wachen sein.

Ben-Chorin spricht jedoch gar nicht vom Wachen. Er entscheidet sich eindeutig für den Bildaspekt, nimmt diesen auf und entwickelt ihn weiter. Der Mandelzweig, im ursprünglichen Text vielleicht ein abgeschnittenes oder abgebrochenes Zweiglein, wird für ihn zum Blütenzweig an einem Baum, ein Bild aus Gottes guter Schöpfung, ein Symbol für Leben und Liebe, für eine bessere Zukunft in heillos scheinender Gegenwart.

Der Klangaspekt des Jeremias-Wortes führt uns noch ein Stück weiter. Gott wacht über seinem Wort, es zu tun. Diese Einsicht steht am Anfang des Jeremia-Buches, berichtet gleich nach der Beauftragung des Priestersohnes aus Anatoth zum Propheten. Und so mag diese Erkenntnis auch am Beginn der prophetischen Wirksamkeit des historischen Jeremia stehen. Im engeren Kontext ist das Gerichtswort Gottes gegen Juda und Jerusalem gemeint. Aber auch über diesen ersten Bezug hinaus kann man das Wort vom Mandelzweig verstehen als Zusage über der prophetischen Verkündigung Jeremias.

Erzählt wird die Geschichte wirksamer Worte, erzählt wird von Zukunftsansagen, die sich in der Rückschau historisch identifizieren und auf ihre Wahrheit prüfen lassen. Vom Wort Gottes heißt es: „Ist nicht mein Wort wie ein Feuer – Spruch des Herrn – und wie ein Hammer, der Felsen zerschmettert?" Es wird nicht von Alltagsreden erzählt, sondern von prophetischem, vollmächtigem und wirksamem Wort.

Auch wenn wir heutigen Prophetien nicht trauen und die vielen vollmächtigen Zukunftsansagen, die uns begegnen, nicht mehr glauben mögen, die Vorstellung wirksamer Worte ist uns nicht fremd. Wir denken in unserer wissenschaftlichen Arbeit über die Worte und ihr Wirken nach.

In unserer Landeskirche wird über den kirchlichen Segen nachgedacht. Was geschieht, wenn der Segen gesprochen wird? Segnet der Segen? Was kann er segnen – und was nicht?

Die Sprache, so wissen wir, ist nicht auf ihre Verweisfunktion, ihre Aufgabe, darzustellen und zu informieren, beschränkt. Was wir sagen, informiert nicht nur, nein, es baut auf oder bricht nieder, heilt oder zerstört, pflanzt oder reißt aus, rettet oder tötet. Jeder von uns erlebt täglich, wie sehr ein Wort ermuntern kann, anspornen kann, weiterhilft. Und wie sehr eine Bemerkung verletzen und bedrücken kann. Ein Arbeitstag kann so gelingen oder verdorben werden, ein Semester kann unter einem guten oder einem bösen Wort stehen. Aus Seelsorge und Therapie wissen wir um die heilende Kraft des Wortes, wenn es nur aufrichtig und offen ist.

Worte informieren nicht nur, sie eröffnen Vertrauen und Zukunft, sie machen Handeln möglich und sinnvoll.

Es gibt Menschen, die haben ihr Leben lang zu leiden unter einem Wort, das man ihnen einmal gesagt hat. Ein Wort, das sie bei etwas behaftet, ihnen eine Eigenschaft, einen Charakterzug zuspricht, den sie dann tatsächlich nicht mehr loswerden, es sei denn, andere Worte treten dazwischen und zerstören den Fluch. Ja, auch heute noch erleben sich Menschen unter einem Fluch, der sie verfolgt, der sie nicht losläßt und ihre Gedanken beherrscht.

Es gibt Menschen, die verbergen ihr Leben lang ein Wort, das sie sagen müßten, um in die Wahrheit zu gelangen. Manche warten bis an das Ende ihrer Tage, um zu sagen, wer sie wirklich waren, was sie wirklich getan, gedacht, gehofft oder gefürchtet haben. Wieviele unter uns mögen es sein?

Wir wissen um wirksame Worte, und wir warten auf sie.

„Ich wache über meinem Wort, es zu vollstrecken" – dies ist die Einsicht, die Jeremia zu Beginn seines Wirkens in das Wort *Gottes* erhält. Sehr bald erfährt er dieses Wort Gottes als drohendes und richtendes. Und er spürt die Geschichte des Wortes Gottes am eigenen Leibe; als Prophet, als Überbringer, ja als Inkarnation des göttlichen Wortes wider eigenen Willen muß er sich anfechten und verfolgen lassen. Gottes Wort geht in die menschliche Existenz ein, es verbindet sich mit dem Lebensgeschick eines Menschen, da hofft und leidet es, baut auf und bricht nieder, pflanzt und reißt aus. Die Geschichte des Wortes Gottes ist keine Geschichte von lauter Heil und Freude, wir hören da kein Wort, das immer nur tröstet. Noch das Neue Testament weiß von der richtenden Kraft des Wortes Gottes, das schärfer ist als ein zweischneidiges Schwert.

Zuerst und zuletzt ist das in der Bibel bezeugte Wort Gottes aber Heilswort. Zuerst ist das Schöpfungswort: „Gott sprach: Es werde – und es ward. Und siehe, es war sehr gut." Und zuletzt spricht die Verheißung: „Wer dürstet, der komme, wer will, der nehme Wasser des Lebens umsonst."

Ich glaube, daß es ein in der biblischen Geschichte bezeugtes Plus der Zuwendung und der Gnade Gottes gibt. Ich glaube an das Mehr der Schöpfung und der Verheißung gegenüber der Zerstörung und dem Gericht. Ich glaube an einen uns geschenkten Sinn, gewissermaßen eine göttliche *Logik* unserer Existenz, die uns auch zugänglich und erkennbar ist. Ich glaube, daß das Wort Gottes zuerst und zuletzt *gutes* Wort ist, daß es aufbaut und nicht niederbricht, daß es rettet und nicht tötet. Und ich hoffe darauf, daß am Ende meines Weges Liebe steht, die weiter reicht als Menschenliebe und Menschenleben, daß am Ende ein guter Gott steht und kein böser Demiurg.

Manchmal ist dieser Glaube ganz leicht, ich öffne Augen und Ohren, ich höre Worte des Lebens und der Liebe, ich sehe blühende und grünende Gärten. Und manchmal ist es unendlich schwer zu glauben. Zu glauben, daß die Liebe bleibt und das Leben siegt. Daß beide stärker sind als das feindliche Stampfen des Krieges. Daß zuletzt gerettet und nicht zerstört wird. Manchmal brauche ich anderen Glauben, stellvertretende Hoffnung. Da suche ich Halt, bei einem Bibelvers, in einem Gespräch, einer Geste, einem Gedicht. Schalom Ben-Chorin spricht in einem seiner Bücher davon, daß der Dialog zwischen Menschen zur *imitatio Dei,* zur Nachahmung Gottes werden kann.

Daß Gottes Wort sich *inkarniert,* glaube ich. Es ist nicht ferne von mir, sondern nahe, in meinem Munde und in meinem Herzen. Es ist mir manchmal ganz nahe und spricht: „Ich bin der Weg, die Wahrheit und das Leben." Und: „Kommet her zu mir alle, die ihr mühselig und beladen seid, ich will euch erquicken." Und: „Gott ist die Liebe; und wer in der Liebe bleibt, der bleibt in Gott und Gott in ihm." Und: „Liebet eure Feinde und bittet für die, die euch verfolgen, damit ihr Kinder seid eures Vaters im Himmel." Und zuletzt: „Vater, vergib ihnen, denn sie wissen nicht, was sie tun."

Fingerzeige, Zeichen dafür, daß die Liebe siegt und daß das Leben bleibt. Hörbar auch in trübster Zeit. So kann ich den Liederdichter verstehen, der seinen Glauben anders buchstabiert als ich den meinen und der in einer so viel trüberen, hoffnungsloseren Situation dichtet, als ich selbst je erfahren habe. So können

wir das Lied vom Mandelzweig, dieses kleine Stück
Wirkungsgeschichte des Wortes Gottes, gemeinsam
singen.

Hermut Löhr

„Jesus lebt, mit ihm auch ich ...“
(EG 115)

Ewigkeitssonntag

I

Ich kannte Frau M. seit ihrer ersten Tumoroperation. Fast drei Jahre später breitet sich der Krebs in ihrem Körper unaufhaltsam aus. Ich habe sie auf ihrem Weg zum Tode begleitet. Vor meinem letzten Besuch sagten mir die Schwestern, daß Frau M. nicht mehr ansprechbar sei. Ich betrete das Zimmer, spreche sie an, berühre ihre Hand und sage nach einer Zeit: „Frau M., die Zeit ihrer Erlösung ist da. Gott nimmt sie jetzt zu sich. Ich möchte einen Liedvers als Gebet für sie sprechen:

> Jesus lebt, mit ihm auch ich!
> Tod, wo sind nun deine Schrecken?
> Er, er lebt und wird auch mich,
> von den Toten auferwecken.
> Er verklärt mich in sein Licht;
> dies ist meine Zuversicht.“

Als ich noch nicht geendet hatte, schlägt sie die Augen auf und spricht dann leise, aber noch verständlich: „Er verklärt mich in sein Licht! So ist es. Ich schaue es schon.“ Als ich am folgenden Morgen das

Zimmer betrete, ist sie gerade als Tote hergerichtet worden. Ihr Gesicht wirkt gelöst, ja verklärt; das Licht der Erlösung spiegelt sich in ihrem Angesicht.

Das hört sich so an wie die Berichte von „Nah-Tod-Erlebnissen", in denen Menschen in ihrem Todeserlebnis ein Licht schauen, sie etwas sehen, wohin uns Irdischen die Aussicht verstellt ist. Wir diskutieren in rationaler Weise darüber, ob es jenseits dieses Horizonts überhaupt noch ein Leben gibt, ob wir nicht im „Nichts" vergehen. „Nach drüben ist die Aussicht uns verrannt!" Diesem Satz Goethes stimmen viele Menschen heute nicht so sehr aufgrund rationaler Erwägungen zu, als vielmehr deshalb, weil sie voll und ganz im Diesseits gefangen sind, gar nicht daran denken, daß der Tod auch ihr Leben umfängt, daß im Tod das meiste von dem zerrinnt und nichtig wird, was sie in diesem Leben für wichtig erachten.

Andere sind geängstigt vom Tod und dem, was danach kommen mag. Je weniger der Tod real erlebt wird, umso mehr steigt insgeheim die Angst vor dem Tod und dem Danach und damit zugleich das Bedürfnis nach Beruhigung, daß es so schlimm doch nicht mit dem Tod ist. So werden die „Nah-Tod-Erlebnisse" auch überwiegend mit der Absicht erzählt, den Menschen die Angst vor dem Tod zu nehmen, ihnen zu sagen, daß der Tod ein lichtvoll verklärendes Erlebnis ist. Deshalb werden die dunklen Sterbeerlebnisse verschwiegen, die apokalyptischen verschlingenden Dunkelheiten, die nicht dazu angetan sind, den Menschen die Angst vor dem Tod zu nehmen.

Eine amerikanische Kulturhistorikerin hat die mittelalterlichen Berichte über „Nah-Tod-Erlebnisse" untersucht und festgestellt, daß in dieser Zeit überwiegend apokalyptische, dunkle, höllische Erlebnisse berichtet wurden. Sie kommt zu dem Schluß: Der Inhalt der Sterbeerlebnisse ist kulturabhängig. Unsere Zeit hat es nicht mit der Dunkelheit, dem Gericht, der Hölle; sie möchte nicht in Frage gestellt, sondern bestätigt werden, die Dunkelheiten um jeden Preis vermeiden. So berichtet sie auch nur entsprechende Sterbeerlebnisse, lichtvolle, befreiende, vergöttlichende, ja man verschweigt die Entmächtigung, die der Mensch im Sterben meist erleben muß, die vielen dunklen Täler und Nächte, die er oft durchschreiten muß, ehe er an den Horizont gelangt, an dem er vielleicht in der Tat hinüberblickt ans andere Ufer des breiten Flusses, der dieses irdische von „ewigen Leben" trennt. Auch Frau M. wurden die dunklen Stunden, die finsteren Täler auf dem Weg zum anderen Ufer nicht erspart. Als sie sagte: „Er verklärt mich in sein Licht!", da hatte sie viele dunkle Nächte, Nächte des Kampfes, der Anfechtung und Verzweiflung bereits durchlitten und durchstanden.

Wollte der Dichter Gellert mit dem: „Er verklärt mich in sein Licht", etwa dasselbe sagen, was uns die „Propheten" des „New Age" wie E. Kübler-Ross, E. Drewermann u.a. vermitteln möchten, daß es nämlich den Tod gar nicht gibt, der Tod nur eine Erfindung der materialistischen Wissenschaften und ein Produkt der menschlichen Angst sei, daß der Mensch im Tod – wie Frau Kübler-Ross sagt – nur seinen Leib wie einen alten abgetragenen Wintermantel ablegt, da man ihn ohnehin nicht mehr braucht. Nach E. Drewermann ist der Tod nur ein Produkt der Angst, die den Ausblick darauf verstellt, daß wir in unserem Seelenkern göttlichen und daher unzerstörbaren Wesens teilhaftig sind, insofern überhaupt nicht sterben können, der Tod nur Befreiung der Seele aus der Enge irdischen Daseins in die Freiheit ihres göttlichen Lebens ist, so wie es in ähnlicher Weise schon Platon gelehrt hatte. Nach ihm ist unsere göttliche Seele in diesen Leib eingesperrt wie in einem Gefängnis, aus dem sie im Tode wieder befreit wird und so zur Vereinigung mit ihrem göttlichen Ursprung findet. Danach gibt es den Tod nicht, denn der eigentliche Tod ist das Gefangensein der Seele in ihrem Leibe, und der leibliche Tod ist Befreiung, Erlösung, Rückkehr der Seele in ihren Ursprung, aus dem sie herausgefallen ist. Hat Gellert eben dies gemeint, wenn er von der „Verklärung in das Licht Christi" spricht?

II

Gellert (1715–1769) lebte im Zeitalter der *Aufklärung*, einer Zeit, in der der christliche Auferstehungsglaube durch das aufkommende rational-wissenschaftliche Denken einer ersten großen Erschütterung ausgesetzt war, in der viele „aufgeklärte Geister" den christlichen Auferstehungsglauben durch die damals noch als rational einsichtig geltende Lehre von der Unsterblichkeit der Geistseele zu ersetzen versuchten. Dazu bedurfte es *Jesus* und seines Todes und seiner Auferweckung nicht, denn die „Vernunftseele" (res cogitans) war aus sich heraus unzerstörbar, unsterblich, göttlichen Wesens.

Unser Lied macht unverkennbar, daß der Dichter Gellert diese Auffassung nicht teilte. Schon allein dadurch, daß alle Strophen mit „Jesus lebt" beginnen, wird der Grund von Gellerts Hoffnung auf das „ewige Leben" unverkennbar hervorgehoben. Er, der Philosophie und Theologie studierte, Professor der Dichtkunst, der Rhetorik und der Moral in Leipzig war, war mit dem Geist der Aufklärung vertraut, setzte diesem „Vernunftglauben" aber eine „Herzens-

126

frömmigkeit" und einen schlichten Bibelglauben entgegen, verfiel nicht – wie viele damalige und heutige Aufklärer – einem rationalistischen Denken, in dem der Glaube in Moral und Ethik aufgeht. Und doch war er der einzige Dichter deutscher Sprache, den der aufgeklärte Freigeist und Verächter der deutschen Sprache, Friedrich der Große, achtete und auch ein Stück weit verehrte.

Gellerts „Zuversicht" angesichts der Sünde, der Vergänglichkeit, des Leidens und des Todes gründet in dem „Jesus lebt!" „Jesus lebt ...; dies ist meine Zuversicht." Jesus Christus ist sein einziger Trost im Leben und im Sterben. Allein in seinem Tod und seiner Auferweckung gründet seine Hoffnung, nicht darin, daß seine Seele angeblich göttlichen Wesens und deshalb unsterblich ist. „Jesus lebt! Nun ist der Tod mir der Eingang in das Leben." Das kann nun nicht mehr wie bei Sokrates und Platon verstanden werden. Daß der Tod seinen Schrecken verloren hat, Eingang in *das* Leben ist, das gründet in der gläubigen Verbundenheit mit Jesus Christus, von dem ihn „keine Macht der Finsternis, keine Herrlichkeit, kein Leiden" (Str 5) scheiden kann (Röm 8,38 f.). Diese Zuversicht gründet in der Auferweckung Jesu Christi von den Toten, in der darin bestätigten Verheißung der nicht wankenden Treue Gottes (Str. 5), in der *Unsterblichkeit der Beziehung Gottes zu seinem Geschöpf.*

Luther hat in seiner kräftigen und bildhaften Sprache diesen Grund der christlichen Hoffnung angesichts des Todes öfters im Bild von der *Geburt* ausgedrückt. „Paulus sagt, daß Christus von den Toten ,auferstanden' sei, aber von den anderen, deren Erstling er geworden ist, sagt er nur, daß sie ,schlafen'. Denn sie sind bereits mehr als die Hälfte lebendig.

Weil das Haupt auferstanden ist, ist der andere Teil des Leibes nicht im Tod, sondern im Schlaf. Christus ist aller Christen Haupt. Er ist schon hindurch. Darum folgen die Glieder von selbst. Der ganze Leib hängt aneinander. Wie die Frauen sagen: ‚Wenn das Kind mit dem Kopf geboren ist, so hat es keine Not mehr.' So ist unser Haupt Herr geworden über Tod und Teufel … Und wenn wir im Glauben ihn für unser Haupt halten, was ist dann der Tod? Darum ist unsere Auferstehung von den Toten schon mehr als die Hälfte geschehen, denn unser Haupt ist hindurch." „Wir sind schon über das Haupt, ja über den Rücken und Bauch, die Schultern und Beine aus dem Tod heraus; und der Tod hat nichts mehr an uns, das er halten kann, höchstens eine kleine Zehe – die soll auch bald hindurch kommen!" (WA 36,563).

Gellert ist also mit Luther und dem Apostel Paulus (1. Kor 15; Röm 8,11) gewiß, daß, wenn Gott Christus von den Toten auferweckt hat, er auch uns von den Toten auferwecken wird zum ewigen Leben. Diese Hoffnung gründet in dem *Tod des Todes*, dem Sieg Gottes über Sünde und Tod in Tod und Auferweckung Jesu Christi, in der darin gegen die Sünde und den Tod durchgehaltenen Liebe und Treue Gottes zu einen Geschöpfen, in der Unsterblichkeit der Liebe Gottes, der Unsterblichkeit der Gottesbeziehung.

Nicht darin besteht das Wesen, die Gefährlichkeit und Tödlichkeit des Todes, daß das psychophysische und geistige Leben endlich ist und endet, sondern darin, daß der Tod uns von Gott zu trennen, von seiner Liebe zu scheiden vermag (Röm 8,38 f.) und damit von dem, was Leben schenkt und gewährt, von den Beziehungen, die Leben möglich werden lassen. Leben ereignet sich in und aus Beziehungen der Liebe. Die

Liebe ist die Quelle des Lebens, die Quelle, die Beziehungen schafft, aus denen wir leben. Der Tod ist der Abbruch dieser Beziehungen, der Zustand der „Verhältnislosigkeit" und damit der Lieb- und Leblosigkeit. Die *Sünde* gebiert den Tod (Röm 6,23; Jak 1,15), weil sie die Liebe erstickt und abtötet, weil sie damit Beziehungen stört und zerstört, aus denen und durch die wir leben. Der Tod ist die sichtbare Gestalt dessen, was das Wesen der Sünde ausmacht. Der Tod ist die Zerstörung der Leben schaffenden Liebesbeziehungen, letztlich der Beziehung zur Quelle des Lebens, zur schöpferischen Liebe Gottes. Die Tödlichkeit des Todes ist der Unglaube, die Lieblosigkeit, der Widerspruch des Menschen gegen Gott, das Leben ohne Gott, ohne Verbindung zur Quelle des Lebens. Die Sünde macht den Tod tödlich, so tödlich, daß der Mensch den Weg zu Gott, zum ewigen Leben in Gemeinschaft mit Gott von sich aus nicht mehr finden kann.

III

Die Brücke über den „Todesfluß" hinweg kann nur Gott selbst schlagen, und er hat sie in Tod und Auferweckung seines Sohnes Jesu Christi geschlagen. Die alte und mittelalterliche Kirche hat den Übergang von diesem irdischen in das ewige Leben als Übergang über einen breiten Fluß dargestellt. Der Übergang wird möglich durch eine Fähre oder eine Brücke. Sie griff damit auf die in heidnischen Religionen vorhandenen Bilder zurück. Das Besondere der Brücke besteht darin, daß sie zur Mitte des Flusses hin immer schmaler wird. Der, dessen Seele im irdischen Leben durch gute Taten nicht gut geworden ist, stürzt an dieser engen Stelle der Brücke ab in den Fluß, der die

Toten zur Hölle hin treiben läßt. Auf der Brücke vollzieht sich also die große Scheidung zwischen „Guten" und „Bösen".

Christen haben dieses Bild aufgegriffen, aber entscheidend verändert. Sie glaubten, Christus ist die Brücke über den Fluß, sein Kreuz der Weg über den Abgrund. Sie haben das Bild dergestalt verändert, daß vom anderen Ufer des Flusses her Christus seine Hand den nackten Seelen entgegenstreckt. Wer auf seine eigene Kräfte setzt, wer meint, seine Seele sei aus sich heraus gut und göttlich, der stürzt in den Fluß ab. Wer aber die Hand Christi erblickt und sie ergreift, der wird durch diese Hand gerettet, sicher ans andere Ufer gebracht. Er lebt aus der Christusbeziehung, aus der vergebenden und versöhnenden Liebe Gottes in Christus, die allein die Tödlichkeit des Todes zu besiegen vermag; er lebt nicht aus sich selbst, sondern aus der Quelle des Lebens, aus der Liebe des Gottes, der selbst die Brücke der Versöhnung gebaut hat. So kann Luther zu Recht sagen: Wer an dieser Versöhnung Gottes teil hat, wer im Glauben eine Beziehung zum „Haupt" Christus gefunden hat, der ist mit dem Kopf schon durch den Tod hindurch, für den ist die Tödlichkeit des Todes schon besiegt, denn nichts kann ihn mehr scheiden von der den Tod besiegenden Liebe Gottes.

„Jesus lebt! Ich bin gewiß,
nichts soll mich von Jesus scheiden,
keine Macht der Finsternis,
keine Herrlichkeit, kein Leiden."
(Str. 5).

Es ist das Anliegen Gellerts, mit dem „Jesus lebt!" diese Zuversicht zu bestärken, ja er spricht sogar davon, daß es eine „Pflicht" sei, dies zu glauben, ja noch

mehr: Wer nun, angesichts von Sünde und Tod verzagt, „der lästert Gott und Gottes Ehre" (Str. 3), der
nimmt Gottes Gottsein, seine Macht über Sünde und
Tod nicht ernst. Das klingt so, als habe Gellert den
Zweifel, die Anfechtung, die Angst vor dem Tode
nicht gekannt oder gar als etwas hinstellen wollen,
was Christen endgültig hinter sich haben , weil für sie
der Tod nur noch „Eingang in das Leben" ist (Str. 6).
Aber Gellert war sein Leben lang kränklich, hat sich
mit dem Tod im Leben auseinandergesetzt, starb mit
54 Jahren. In der letzten Strophe seines Liedes „Wie
groß ist des Allmächtigen Güte!" (EG 662 – Ausgabe
Rheinland-Westfalen) betet er:

> „O Gott, laß deine Güt und Lieb mir immerdar
> vor Augen sein! ... und sie besieg in meinem Her-
> zen die Furcht des letzten Augenblicks."

Mit dem „Jesus lebt, mit ihm auch ich", will er die
Glaubenszuversicht bestärken, daß Christen keine
Angst vor dem Sterben und Tod haben müssen, denn
der „Stachel des Todes" (1. Kor 15,55) ist bereits durch
Christus besiegt. Für Christen ist der Tod Eingang in
das Leben mit Christus, ins Reich Christi. Sie sollen,
wie Luther es in seinem „Sermon von der Bereitung
zum Sterben" rät, nicht mehr auf den Tod schauen,
wenn er kommt, sondern auf Christus, in dem er über-
wunden ist. So kann nach Luther für Christen der
Tod wie eine Geburt sein. Der Weg zum ewigen Leben
„ist wohl sehr enge, aber er ist nicht lang; es geht hier
zu, wie wenn ein Kind aus der kleinen Wohnung in
seiner Mutter Leib mit Gefahr und Ängsten hineinge-
boren wird in den weiten Raum von Himmel und
Erde; d.h. auf diese Welt: ebenso geht der Mensch
durch die enge Pforte des Todes aus diesem Leben ...

Darum heißt man der lieben Heiligen (= Christen) Sterben auch eine neue Geburt ... Ebenso muß man sich beim Sterben der Angst entschlagen und wissen, daß nachher ein großer Raum und Freude dasein wird."

Sicher, angesichts des Todes bleibt der christliche Glaube immer angefochtener Glaube, angefochten von der Angst, von der kreatürlichen Schwäche, vom Schmerz, aber auch angefochten von der Unsichtbarkeit Gottes, der Unsichtbarkeit des ewigen Lebens, angefochten von der Enttäuschung über das gelebte Leben und davon, ob ich vor dem „Richterstuhl Christi" (2. Kor 5,10) mit meinem Leben bestehen kann. Deshalb bedarf der Glaube gerade auf dem Weg zum Tode der Stärkung. Deshalb ist die Glaubenshilfe die wahrhafte Lebenshilfe in der Anfechtung des Sterbens und Todes. Gellerts Absicht war es, mit dem „Jesus lebt!" den Todesschrecken zu überwinden, die Zuversicht so zu bestärken, daß die „Angst des letzten Augenblicks" schwindet und die Seele gläubig sprechen kann: „Herr, Herr meine Zuversicht". Wenn Gellert sagt: „Wer nun verzagt, lästert Gott und Gottes Ehre", dann will er nicht einen christlichen Heroismus angesichts des Todes fordern und die Anfechtung und Verzweiflung als des Christen unwürdige Haltungen abtun, sondern Menschen zum Vertrauen ermutigen: Jesus ist Sieger über den Tod! Jesus Christus ist die Brücke über den Todesfluß, er reicht uns seine rettende Hand vom anderen Ufer her!

In dieser Zuversicht sind Menschen zu allen Zeiten der Geschichte der Kirche gestorben, nicht nur die Märtyrer der alten und jüngsten Kirchengeschichte. Von einem alten Mönch wird berichtet, daß er im Sterben lag. Weinend und traurig standen seine Brüder um sein Lager. Da tat er die Augen auf und lachte mehrmals nacheinander. Betroffen fragten die Brüder: „Sprich, Vater, warum lachst du, während wir weinen?" Da antwortete er: „Ich habe gelacht, weil ihr den Tod fürchtet; ich habe gelacht, weil ich von großer Arbeit zur ewigen Ruhe gehe." Mit diesen Worten schloß er die Augen und starb. Und der Kirchenvater *Athanasius* (295–373) schreibt: „Durch das Siegeszeichen des Kreuzes und den Glauben an Christus treten sie ihn (den Tod) zu Boden als einen Toten. Einst, vor der göttlichen Ankunft des Heilands, war der Tod auch für die Heiligen furchtbar. Und alle beweinten die Sterbenden als Verlorene. Nun aber, seit der Herr auferstanden ist, ist der Tod nicht mehr zu fürchten. Und alle, die an Cristus glauben, zertreten ihn als ein Nichts und ziehen das Sterben dem Verleugnen des Glaubens an Christus vor." Auch solche großen Worte sollten wir nicht als allgemeine Norm christlichen Glaubens angesichts des Todes hinstellen, sondern als Ermutigung verstehen zu dem Glauben, daß der Tod für Christen Eingang in das Leben ist, daß Christus uns im Tod „in sein Licht verklär".

Greifen wir diese, von Gellert gebrauchte Metapher und Symbolik des Lichts und der „Verklärung" nochmals auf und fragen, welche Vorstellung er wohl damit verbunden hat. Wollte er, wie die alten Gnostiker und die neuen Gnostiker des „New Age", sagen: Der göttliche Lichtfunke, die Seele, vereinigt sich in der Befreiung aus dem irdischen Körper wieder mit der „Sonne", aus der sie stammt, geht auf in der Sonne, so wie der Regentropfen ins Meer fällt und mit ihm wieder zu einer Einheit verschmilzt, oder – in der Terminologie östlicher Religionen ausgedrückt: Die Seele geht ein ins Nirwana, das göttliche All-Eine, das ewig in sich ruhende und unveränderlich Sein?

Eine derartige Vorstellung von „Verklärung" liegt Gellert völlig fern. Es geht ihm nicht um eine Verschmelzung der Seele mit dem „Göttlichen", sondern um die vollendete Beziehung der Liebe zu Christus, um die vollendete Christusgemeinschaft, die zugleich die vollendete Gemeinschaft mit Gott ist, um die vollendete Beziehung der Liebe zwischen Gott und Mensch, um die „Unsterblichkeit" der endgültig von der Liebe Gottes geprägten *Lebensbeziehung* zwischen Christus und seiner Gemeinde, zwischen Gott und seinen Geschöpfen. Hier wird der Mensch nicht göttlich und mit Gott eines Wesens, sondern wahrhafter Mensch, Gottes Ebenbild, Gottes Partner, der aus der Liebe Gottes und in der Liebe zu Gott und den Mitmenschen lebt und so zum durch Sünde und Tod nicht mehr gebrochenen Ebenbild Gottes vollendet wird. *Ewiges Leben*, das ist die Vollendung der Gemeinschaft der Menschen und der ganzen Schöpfung mit Gott und zugleich die Vollendung der Beziehungen der Menschen untereinander und der Beziehungen zur nichtmenschlichen Geschöpfwelt. Es ist vollendetes Leben aus der Liebe Gottes, Vollendung der Beziehungen, die Leben gewähren, Leben schenken, Leben ohne Zerstörung durch Sünde und Tod, wo nicht mehr sein wird Sünde, Leid, Not noch Geschrei (Offb 21, 4), wo der Tod der Liebe nicht mehr ein Ende setzt, wo die Liebe Gottes die Quelle allen Lebens ist und alle Beziehungen endgültig durchdringt und prägt. „Er verklärt mich in sein Licht", d. h. er vollendet und „verherrlicht" mich zu dieser umfassenden Gemeinschaft der Liebe, dem himmlischen Leib Christi, dessen Haupt Christus ist. „Jesus lebt, mit ihm auch ich, dies ist meine Zuversicht!"

Ulrich Eibach

Autorenverzeichnis

Günter Bader, Dr. theol., Professor für Systematische Theologie an der Evang.-Theol. Fakultät der Universität Bonn

Ulrich Eibach, Dr. theol., Pfarrer für Krankenhausseelsorge und Privatdozent für Systematische Theologie an der Evang.-Theol. Fakultät der Universität Bonn

Helmut Hofmann, Studentenpfarrer der Evangelischen Studierendengemeinde in Bonn

Gustav-Adolf Krieg, Dr. theol., apl. Professor für Praktische Theologie an der Evang.-Theol. Fakultät der Universität Bonn und – als Dozent für Kirchenmusik – Mitarbeiter der Beratungs- und Studienstelle für den Gottesdienst in Düsseldorf

Athina Lexutt, Dr. theol., Studieninspektorin des Bonner Evangelisch-Theologischen Stifts „Hans-Iwand-Haus"

Hermut Löhr, Dr. theol., Hochschulassistent an der Abteilung für Neues Testament der Evang.-Theol. Fakultät der Universität Bonn

Karl-Heinz zur Mühlen, Dr. theol., Professor für Kirchengeschichte an der Evang.-Theol. Fakultät der Universität Bonn

Henning Schröer, Dr. theol., Professor für Praktische Theologie an der Evang.-Theol. Fakultät der Universität Bonn

Albert Stein, Dr. jur. Dr. theol., em. Prof. für Praktische Theologie und Kirchenrecht (Evang.-Theol. Fakultät der Universität Wien) und Geschäftsleitender Oberkirchenrat i. R. der Evangelischen Landeskirche in Baden

Friedrich Wintzer, Dr. theol., Professor für Praktische Theologie an der Evang.-Theol. Fakultät der Universität Bonn und Evangelischer Universitätsprediger

Leitfaden zu Geschichte und Gestalt des Kirchenlieds

Christoph Albrecht
Einführung
in die Hymnologie

4., überarbeitete und erweiterte
Auflage 1995. 152 Seiten mit
4 Abbildungen, kartoniert
ISBN 3-525-57178-X

„Diese Einführung ist aus den Vorlesungen des Verfassers an der Kirchenmusikschule Dresden erwachsen. Sie wendet sich aber auch an jedes am Gesangbuch interessierte Gemeindeglied. Die Dreigliederung des Stoffes (Textdichter – Melodisten – Gesangbuchgeschichte) ergab sich aus den Prüfungsanforderungen im Fach Hymnologie an den Kirchenmusikschulen.

Die Ausführungen wollen die Welt des Gesangbuches in ihrer Vielfalt erschließen, die sich im Verlauf der mehr als 450jährigen Geschichte des evangelischen Kirchenliedes ergeben hat. Für die stilistische Differenziertheit unseres hymnologischen Erbes soll der Blick geöffnet und für die Eigenart der Kirchenlieder aus den verschiedenen Epochen das Verständnis geweckt werden.

Die vorliegende Auflage wurde inhaltlich überarbeitet und dabei auf das Liedgut des Evangelischen Gesangbuchs von 1993 ausgerichtet."
Aus dem Vorwort

V&R
Vandenhoeck
& Ruprecht

Handbuch zum Evangelischen Gesangbuch

Konkordanz zum Evangelischen Gesangbuch

Mit Verzeichnis der Strophen-
anfänge, Kanons, mehrstimmigen
Sätze und Wochenlieder.
Erarbeitet und herausgegeben
im Auftrag der Evangelischen
Kirche in Deutschland von Ernst
Lippold und Günter Vogelsang.

Band 1 des „Handbuchs zum
Evangelischen Gesangbuch".
1995. 572 Seiten, Leinen.
Bei Subskription des Gesamt-
werks „Handbuch zum Evangelischen Gesangbuch" Ermäßigung.
ISBN 3-525-50316-4

In Vorbereitung sind weitere
Bände des „Handbuch zum
Evangelischen Gesangbuch":
Band 2: Lebensbilder
(Hrsg. von W. Herbst)
Band 3: Liederkunde
(4 Teilbände)

Die Konkordanz ist der
erste Band eines größer
angelegten Handbuchs
zum Evangelischen
Gesangbuch.
Alle wichtigen Stichwörter
aus dem Liederstammteil
(Nr. 1-535) des Evange-
lischen Gesangbuchs wer-
den vollständig und über-
sichtlich aufgelistet.
Querverweise erleichtern
die Durchsicht ganzer
Wortfelder und Sachzu-
sammenhänge. Stichworte
mit zahlreichen Beleg-
stellen sind nach Bedeu-
tungs- und Verwendungs-
möglichkeiten eines jeden
Wortes in entsprechende
Abschnitte gegliedert. Das
Verzeichnis der Strophen-
anfänge hat sich in der
Praxis vielfach bewährt.

V&R
Vandenhoeck
& Ruprecht